Una lucha fiel por la vida

Por

Beth Tabanera

Prensa Xulon

555 Winderley Pl, Suite 225

Maitland, Florida 32751

407.339.4217

www.xulonpress.com

Libro de bolsillo ISBN-13: 979-8-89397-782-0

Tapa dura ISBN-13: 979-8-89397-783-7

Dedicación

A mi difunta abuela, Anastasia, mi primera guerrera de oración, y a mi difunta madre adoptiva, Nilda. Su amor y guía incondicionales me han permitido convertirme en la persona que soy hoy.

Expresiones de gratitud

A mi increíble equipo médico: gracias por el don de la sanación. Al Dr. Rudi Scharnweber, mi neurocirujano, cuyas manos expertas y corazón firme me guiaron en una operación que me salvó la vida. Al Dr. Danny Ramsey, mi cirujano cardíaco, cuya precisión y atención restauraron el ritmo cardíaco y mi vida. Al Dr. Ernst Von Schwarz, mi dedicado cardiólogo, cuya sabiduría, paciencia y compasión me han ayudado a seguir adelante con seguridad. Al Dr. Michael Garcia, gracias por su excepcional atención y por animarme a compartir mi historia a través de este libro.

También quiero expresar mi más sincero agradecimiento al personal médico del Centro Médico Kaiser Permanente en Los Ángeles y el Oeste de Los Ángeles, del Hospital Cedars-Sinai y del Hospital Médico del Sur de California en Culver City. Su dedicación, profesionalismo y atención marcaron una diferencia inconmensurable durante mi tratamiento y recuperación.

A todos los que donaron a mi GoFundMe: les estaré eternamente agradecido. Su generosidad me ha conmovido de una manera indescriptible. Que el Señor los bendiga y los recompense mil veces más por su generosidad y apoyo.

A mi querida familia y amigos: ustedes fueron mi salvación. Sus oraciones, comidas, paseos, risas y compañía silenciosa me recordaron que nunca estuve sola. Cada gesto de amor, grande o pequeño, fue una luz en la oscuridad. Un agradecimiento especial a Evelyn y Lito, Ate Jho, Pye, Mahleen, Wowie y Dan, Michelle, Flora, Mon y Tina, Mike, Liana y mi Ellabella, Vicki, Melanie, Glendy, Melissa, Eric, David, Bhel y familia, Yeng, Anna, Rose y Javier, Loretta y Jaz, Mary Jane, Pinky, Anna y Ate Leah. Su amabilidad y presencia fueron inconmensurables.

A mi familia de la iglesia Core Church LA: gracias por ser una fuente de fortaleza espiritual, aliento y esperanza. Al pastor Steve Wilburn y a su esposa, Laurie: sus mensajes de verdad y fe despertaron en mí algo cuando más lo necesitaba. A los ancianos y guerreros de oración que me rodearon de amor y me animaron: sentí cada oración. Al pastor Kevin Ferreri y a su esposa, Caroline: gracias por ser mis padres espirituales, guiándome con sabiduría, amándome incondicionalmente y cubriéndome con oraciones. Su apoyo inquebrantable ha sido un faro del amor de Cristo en mi vida, y estaré eternamente agradecido por su presencia y consejo.

Sobre todo, agradezco a mi Señor y Salvador, Jesucristo, el Gran Médico y Redentor de mi alma. Es por su gracia que sigo aquí, y es para su gloria que comparto esta historia. Este camino no solo ha puesto a prueba mi fe, sino que la ha profundizado. Cada respiro que tomo es un testimonio de su misericordia y propósito. Este libro no es solo un reflejo de lo que he soportado; es una celebración de la sanación, la fe y el extraordinario poder del amor.

Dad gracias en todo, porque esta es la voluntad de Dios para con vosotros en Cristo Jesús . 1 Tesalonicenses 5:18 (NVI)

PREFACIO

Seré sincera: no soy una persona religiosa. Así que, cuando conocí el libro de Beth Tabanera —una obra profundamente arraigada en la fe, la oración y la entrega—, no sabía qué esperar. Sin embargo, sus páginas revelaron una historia que trasciende la religión. Es un relato de transformación, valentía y la búsqueda de algo más grande cuando la vida inevitablemente se derrumba, y una guía para abordar el camino hacia la sanación.

Conocí a Beth en 2006, sin saber el profundo impacto que pronto tendría en mi vida. Además de ayudarme a criar a mi hija, Beth supo instintivamente cómo ayudarme a sanar. Nadie es infalible; todos necesitamos ayuda. Cuando estaba demasiado débil para comer, ella me devolvió las fuerzas, preparando platos de su cocina nativa que me brindaron alimento, consuelo y cuidado. No lo hizo por reconocimiento ni compensación; lo hizo porque es una persona genuinamente bondadosa, dedicada a inspirar a quienes la rodean.

A lo largo de los años, he sido testigo de primera mano de las luchas y los triunfos de Beth, incluso actuando como su apoderado (una responsabilidad que agradezco no haber tenido que asumir nunca) mientras su increíble camino hacia la curación se desarrollaba de maneras nada menos que milagrosas.

Este libro no se trata de convertir a nadie. Se trata de mostrar lo que es posible cuando escuchas con atención: a ti mismo, a los silenciosos impulsos de la fe y a la idea de que la sanación no siempre es lineal, lógica ni fácil de explicar. Beth no predica. Revela, reflexiona y nos invita a caminar junto a ella por las puertas que abre en su vida.

Independientemente de tus creencias, las preguntas que plantea Beth son universales: ¿Cómo sigo adelante cuando siento dolor? ¿Qué significa estar completo? ¿Adónde recurro cuando nada más parece funcionar? No necesitas ser religioso para conmoverte profundamente con esta historia. Solo necesitas ser humano.

Mike Montgomery

Los Ángeles, CA

Introducción
Nada parecía tener sentido

Desperté en un lugar desconocido con un ojo abierto y el otro cerrado y pesado. Mi mente luchaba por comprender lo que veía. La habitación estaba llena de rostros desconocidos que se movían a mi alrededor, pero todo parecía distante, desenfocado. Mi visión era borrosa y el dolor me recorría el cuerpo. No tenía ni idea de qué me había pasado.

¿Había muerto? ¿Estaba en el cielo? Mi corazón se aceleraba, pero sentía el cuerpo pesado, como si no pudiera moverme ni hablar. Todo era borroso, como si estuviera atrapado entre dos mundos. El miedo me oprimía el pecho y mis pensamientos daban vueltas. Intenté recordar qué me había traído allí, pero el recuerdo estaba fuera de mi alcance, escapándose como arena entre mis dedos...

Durante los últimos ocho años y medio, he emprendido un increíble camino de resiliencia, soportando cirugías a corazón abierto, cirugías de ovario, cirugías de codo, parálisis de Bell, COVID-19 y múltiples cirugías cerebrales. A lo largo de este camino, mi fe en Jesucristo se ha profundizado, sirviendo como un faro de esperanza que ilumina mi camino.

Según sus promesas, Dios me ha asegurado que nunca me dejará ni me abandonará. Dios escucha mis oraciones y está plenamente consciente de cada circunstancia que he enfrentado. Todos enfrentamos diversos desafíos en la vida, y mis experiencias no son la excepción. Aunque parezca una lucha continua, salgo de cada batalla sintiéndome transformado y completamente restaurado.

El Salmo 23 me recuerda quién es nuestro Dios. Él es nuestra fuente de todo, sin importar lo que pasemos en la vida. Él es nuestro Salvador y nuestra Esperanza Viva.

Salmo 23

Salmo de David

(NVI 1995)

¹ El Señor es mi pastor,

Nada me faltará.

² En lugares de verdes pastos me hará descansar;

Junto a aguas tranquilas me pastoreará.

³ Él restaura mi alma;

Él me guía por el camino de la justicia.

Por amor de su nombre.

⁴ Aunque ande en valle de sombras,

la sombra de la muerte,

No temo mal alguno, porque tú estás conmigo;

tu vara y tu cayado,

Ellos me consuelan.

⁵ Preparas mesa delante de mí

en presencia de mis enemigos;

Ungiste mi cabeza con aceite;

Mi copa está rebosante.

⁶ Ciertamente el bien y la misericordia serán

Sígueme todos los días de mi vida,

Y yo moraré en la casa de Jehová para siempre.

Dios ha sido mi proveedor, asegurándose de que mis necesidades sean satisfechas, incluso en tiempos de incertidumbre. Gracias al apoyo de mi familia, amigos y actos de bondad inesperados, me ha bendecido enormemente.

Tras mis problemas de salud, en particular las cirugías y los desafíos que las precedieron, Dios me ha guiado hacia el descanso y la recuperación. Ha traído sanidad a mi cuerpo y paz a mi espíritu.

En los valles oscuros que he atravesado, Dios me ha acompañado, brindándome fuerza y esperanza. Su protección y guía me han brindado consuelo, incluso cuando el camino por delante era incierto. Su amor me ha envuelto, manifestándose a través del apoyo de mis seres queridos y las oraciones de mi comunidad de fe.

A pesar de enfrentar dificultades, Dios me ha concedido numerosas bendiciones.

Al mirar atrás, puedo ver la bondad y la misericordia de Dios a lo largo de mi camino. Al avanzar, recuerdo que sus bendiciones y su presencia siempre estarán conmigo. Mi vida es un Salmo 23 viviente, un testimonio del amor, la provisión y la gracia inquebrantables de Dios.

Incluso en los momentos más difíciles, me mantengo valiente, confiando en que el Señor es mi Guía, siempre a mi lado, brindándome consuelo y dirección. Él es mi única fuente de sustento, esperanza, sabiduría y gracia.

Mis experiencias con situaciones que amenazaron mi vida solo han fortalecido mi creencia de que la presencia del Señor garantiza mi seguridad.

Tabla de contenido

CAPÍTULO 1 EL AMOR Y LAS ORACIONES DE MI ABUELA _____1

CAPÍTULO 2 RECORDANDO RECUERDOS DE LA INFANCIA Y MI BÚSQUEDA DE LA GRANDEZA _____3

CAPÍTULO 3 DESCUBRIENDO LAS ENFERMEDADES CARDÍACAS _____9

CAPÍTULO 4 CONVIRTIÉNDOSE EN UN GUERRERO DEL CORAZÓN _____15

CAPÍTULO 5 BUSCANDO LA GRACIA DE DIOS _____22

CAPÍTULO 6 POR EL _Toc208025865_Toc208025865CORAZÓN SALVAJE DE AMÉRICA: UN VIAJE SIN FIN _____28

CAPÍTULO 7 ÉL ES MI ESCUDO _____36

CAPÍTULO 8 NUNCA SOLO _____41

CAPÍTULO 9 PÉRDIDA EN TIEMPOS DE COVID-19 _____47

CAPÍTULO 11 RECUPERACIÓN EN LA UNIDAD DE CUIDADOS INTENSIVOS NEUROLÓGICOS _____62

CAPÍTULO 12 UN LARGO CAMINO HACIA LA RECUPERACIÓN _69

CAPÍTULO 13 UNA COSA LLEVA A OTRA _____78

CAPÍTULO 14 MI IGLESIA HOGAR, MI CIELO EN LA TIERRA ___85

CAPÍTULO 15 EL PLAN DE DIOS ES BUENO _____89

CAPÍTULO 16 SALIENDO DEL WHOLE _____96

CAPÍTULO 17 LA VIDA VUELVE A LA NORMALIDAD _____100

CAPÍTULO 18 EL AMOR Y EL APOYO DE UNA FAMILIA _____105

CAPÍTULO 19 MI MOMENTO EN EL MAR ROJO _____109

CONCLUSIÓN ABRAZANDO LAS ESTACIONES DE LA VIDA ___112

LECTURAS ADICIONALES _____119

NOTAS FINALES _____121

Capítulo 1
El amor y las oraciones de mi abuela

La familia a menudo se define por la sangre, pero mi historia demuestra que también se trata del amor y los sacrificios que hacemos los unos por los otros. Aunque fui adoptada, el amor y el cuidado que recibí de mi familia me moldearon profundamente. Mi historia de adopción está profundamente entrelazada con el amor de mi abuela y el legado que dejó, no solo como cuidadora, sino como símbolo de fortaleza y sacrificio.

Mi abuela, Anastasia, era una mujer fuerte y a la vez amable, llena de amor y una fe inquebrantable. Enfrentó las dificultades de la vida con gracia, criando sola a su hija de cinco años (mi madre adoptiva) tras el fallecimiento de mi abuelo. A pesar de los desafíos de ser madre soltera, se esforzó por brindarle a mi madre una vida cómoda y una buena educación, asegurándose de que tuviera las bases para vivir con dignidad y fortaleza. A pesar de su juventud, nunca se volvió a casar ni pensó en estar con nadie más.

Cuando llegué a su vida, me abrazó con el mismo amor y devoción con el que ayudó a mi madre a criarme. Era más que solo mi abuela; era mi segunda madre, mi protectora y mi fuente de consuelo. Dormía a su lado todas las noches, sintiéndome segura en su calor. No importaba lo ocupada o cansada que estuviera, siempre tenía tiempo para mí.

Uno de los regalos más preciados que me dio fue presentarme a Jesús. Me enseñó a orar, llamándolo "Papá Jesús", y cada noche, le hablaba en voz alta a Jesús, contándole detalles de nuestro día. Muchas de esas conversaciones eran sobre mí. A veces sobre mi mal comportamiento, a veces sobre cómo deseaba que la escuchara más, pero siempre llenas de amor y oraciones por mi protección y mi futuro. Incluso cuando me enojé y la pellizqué por contarle a Papá Jesús mis travesuras, ella nunca dejó de orar por mí.

Su amor fue constante, pero también lo fue la fragilidad de la vida. Falleció al día siguiente de mi duodécimo cumpleaños. Estuve en la habitación con ella hasta su último aliento, rezando desesperadamente para que Papá Jesús no me la alejara. Quería más tiempo, más noches de oración, más de su amor inquebrantable. Pero su cuerpo estaba cansado, y el asma me la arrebató.

Mirando hacia atrás, me doy cuenta de cuánto de mi vida ha sido moldeada por su amor y sus oraciones. No solo me crio, sino que me rodeó de fe y una profunda sensación de seguridad. Aunque entonces no me di cuenta, sus oraciones fueron su mayor sacrificio y su mayor regalo. No solo pedía cosas buenas para mí; me encomendaba al cuidado de Dios, asegurándose de que siempre estaría protegida, incluso después de su partida. Incluso ahora, siento que sus oraciones me cubren, protegiéndome en cada camino que emprendo.

Mi abuela fue mi refugio, mi luz y mi mayor bendición. Siempre atesoraré el amor que me dio, las lecciones que me enseñó y la fe que infundió en mi corazón.

Capítulo 2
Recordando recuerdos de la infancia y mi búsqueda de la grandeza

De pequeña, soñaba a menudo con las historias de mi madre adoptiva sobre sus viajes por Europa, en particular su estancia en Alemania. Recuerdo con cariño sus historias a la hora de dormir cuando era niña. Si bien a la mayoría de los niños les leían cuentos de libros infantiles, nuestras historias eran únicas. Mi madre compartía vívidos relatos de su infancia, sus años universitarios y sus experiencias viviendo en una residencia estudiantil lejos de su madre.

Mis historias favoritas eran sobre sus aventuras europeas después de la universidad. Estaba muy emocionada con su primer viaje internacional y la experiencia de presenciar la nevada. Habló del aire fresco, la serenidad de los paisajes invernales y, sobre todo, de la nieve. Describió cómo el mundo parecía ralentizarse cuando el suelo se cubría de blanco y cómo todo parecía mágico bajo una gruesa capa de nieve. Sus historias pintaban una imagen de un mundo lleno de maravillas que solo podía imaginar; tan diferente de los veranos calurosos y húmedos y las lluviosas temporadas de tifones que experimentamos en Filipinas.

Cerraba los ojos, soñando con caminar por esas calles nevadas, igual que ella. Anhelaba experimentarlo por mí misma: sentir el frío, saborear la nieve fresca y presenciar el cambio de estaciones. Mi madre también me contó cuánto disfrutaba paseando por el barrio con sus amigas, pasando por calles bordeadas de uva y manzano, donde podían simplemente coger la fruta y llevársela a casa.

En Filipinas, las manzanas y las uvas son poco comunes, ya que nuestro país no las cultiva, y cuando se consiguen en los supermercados, suelen ser caras. Así que para ella, ver estas frutas crecer junto al camino era realmente extraordinario. Incluso nos enseñaba a mí y a mis hermanos una foto suya con un racimo de uvas junto a la cara.

Me mantuve fiel a mis aspiraciones con el paso de los años y esos sueños persistieron. Cuando conseguí la oportunidad de emprender mi carrera en el extranjero después de la universidad, la reconocí como un paso estratégico hacia mi próximo destino. Después, a través de la vida internacional, adquirí una valiosa exposición a una amplia gama de culturas, tradiciones y gastronomías, lo que finalmente impulsó mi ambición de viajar extensamente y experimentar diferentes estilos de vida.

Mientras residía en Baréin a los diecinueve años, viví una experiencia transformadora y me convertí en un creyente renacido. Un amigo me invitó a una reunión de oración clandestina, donde la señora que supervisaba el evento compartió conmigo escrituras sobre el renacimiento espiritual. Siempre había experimentado una sensación de vacío en mi camino espiritual y buscaba descubrir qué me faltaba en mi existencia espiritual. Estoy encantado de haber tomado la decisión de aceptar a Jesús como mi Señor y Salvador personal en ese preciso momento, y estoy profundamente agradecido con el amigo que me invitó a participar en ese encuentro divino. El tiempo de Dios es siempre perfecto, y estamos llamados a ser parte de su plan.

«Porque yo sé los planes que tengo para ustedes —declara el Señor—, planes de bienestar y no de calamidad, para darles un futuro y una esperanza». Jeremías 29:11 (NVI)

Dios nos indica que, a pesar de las dificultades actuales, tiene planes para restaurarnos y traer paz a nuestras vidas. Él tiene nuestro futuro en sus manos, y estoy eternamente agradecido por su amor, guía y cuidado constantes.

Tras completar una estancia de cinco años viviendo y trabajando en la Península Arábiga, se me presentó la oportunidad de mudarme a Moscú, Rusia, haciendo realidad así una ambición de toda la vida que mi madre me había inculcado. Moscú, distinguida por sus largos inviernos y su profundo legado cultural, se convirtió en el destino ideal para experimentar la manifestación tangible de mis antiguas aspiraciones. Residir en Moscú durante el solsticio de invierno fue como adentrarme en el mundo de los cuentos de mi madre. El aire era fresco y refrescante, con un frío intenso y penetrante que hacía que mis exhalaciones se percibieran como una nube flotante.

El 16 de diciembre de 1994, justo antes de medianoche, cayó la primera nevada de mi vida. Mis compañeros rusos y yo salíamos del turno de noche en el trabajo, rumbo a nuestro apartamento en Moscú, cuando nuestro chófer nos informó de que había empezado a nevar. Todos estaban emocionados por mí, pues había estado esperando con ansias la nieve. Incluso les pregunté a mis compañeros si alguna vez había habido un invierno sin nieve; por supuesto, todos se rieron de mi ignorancia.

Ese año, la nieve había llegado muy tarde, ¡y estaba preocupada! No pude dormir esa noche, esperando con ansias la mañana para contemplar el hermoso paisaje. Y sí, cuando amaneció, ¡quedé maravillada! Pasé el día sentada junto a la ventana, viendo caer la nieve como una niña. Fue mágico, tal como lo había descrito mi madre.

Nevó con fuerza y no pude evitar preguntarme cómo sería estar al aire libre, así que decidí experimentarlo en primera persona. El mundo se sentía tranquilo y en calma, el aire fresco contra mi piel. Con cada paso, la nieve fresca crujía bajo mis pies, un sonido desconocido y relajante. Y sí, no pude resistirme: ¡lo saboreé! Había algo infantil y puro en el momento, una simple alegría al abrazar la belleza de la naturaleza en su forma más pura. El paisaje urbano estaba cubierto de nieve uniformemente, con calles, tejados y árboles envueltos, mientras que los cielos nocturnos brillaban con una intensa y luminosa cualidad que evocaba representaciones cinematográficas.

Durante los meses siguientes, disfruté al máximo del invierno ruso. Aprendí a abrigarme bien, a beber bebidas calientes siempre que podía y a disfrutar de los momentos en que la nevada transformaba el mundo en un sueño. Pero el encanto especial de Moscú no residía solo en la nieve. La ciudad rebosaba de un profundo sentido de la historia, como si cada rincón tuviera una historia que contar.

La Plaza Roja de Moscú es una visita obligada en Moscú. Recorrer sus históricos terrenos fue como recorrer un fragmento viviente de la historia. Rodeada de monumentos emblemáticos como la Catedral de San Basilio, el Kremlin y el Museo Estatal de Historia, la grandeza de la plaza era simplemente impresionante. Los vibrantes colores de las cúpulas bulbosas de la catedral y el vasto espacio abierto, lleno de visitantes de todo el mundo, la convirtieron en una experiencia memorable e inspiradora. Allí, no pude evitar maravillarme ante la belleza y la importancia de este lugar icónico.

Pasear por la avenida Nuevo Arbat fue una auténtica delicia. La energía vibrante de esta popular atracción turística de Moscú era cautivadora. Rebosante de tiendas, restaurantes y una vibrante vida urbana, ofrecía una visión del corazón del Moscú moderno. A lo lejos, uno de los icónicos edificios de las Siete Hermanas se alzaba imponente en el horizonte, un impactante recordatorio del rico patrimonio arquitectónico de la ciudad. La fusión de lo antiguo y lo moderno hizo de este paseo algo inolvidable, mientras me sumergía en la belleza y el carácter de la ciudad.

Vivir como expatriada en Moscú fue una aventura, y también me dio la oportunidad de reconectar con las historias que mi madre había compartido conmigo. Al igual que la pasión de mi madre por los viajes, tuve la oportunidad de explorar varias ciudades europeas y la campiña, disfrutando de viajes en tren entre países. Sentí como si estuviera siguiendo sus pasos, respirando el mismo aire fresco y experimentando el mismo invierno que ella conoció. No se trataba solo de la nieve; se trataba de cumplir un sueño transmitido de generación en generación.

Mientras estaba allí, contemplando la ciudad nevada, me di cuenta de que mis viajes me habían llevado al punto de partida. Lo que empezó como un sueño de infancia se había convertido en una realidad, moldeada no solo por mis propias experiencias, sino también por el legado de las historias de mi madre. Los recuerdos de una época pasada y el encanto del esplendor invernal persistían, despertando una sensación de posibilidad.

Tras sobrevivir seis inviernos rusos, reflexiono sobre las memorables experiencias y amistades que forjé durante ese período. Aunque el idioma supuso un desafío, perseveré y gradualmente mejoré mis habilidades de comunicación, forjando vínculos significativos con la comunidad local. Mi cariño por Rusia ha crecido y espero regresar algún día.

Mudarme de Rusia a California en el año 2000 implicó una adaptación significativa al clima. California es famosa por sus días soleados y temperaturas suaves, lo que contrasta marcadamente con los inviernos más fríos y rigurosos de Rusia. Aunque disfruté pasar tiempo en la nieve, adaptarme al sol y las temperaturas más cálidas de California fue un cambio refrescante.

¡Ah, la ciudad de las estrellas! Los Ángeles es un lugar mágico para vivir. Hay muchísimo que ver y hacer, desde el Paseo de la Fama de Hollywood hasta el Letrero de Hollywood, el Observatorio Griffith, el Faro Urbano del Museo de Arte del Condado de Los Ángeles, el famoso Beverly Hills, Venice Beach y, por supuesto, los rascacielos del centro.

Además de las hermosas vistas, me cautivó de inmediato su vibrante cultura y diversidad. ¡La diversidad de Los Ángeles es digna de celebrar! Es un crisol de culturas, lo cual se refleja en la comida, el arte y la gente de la ciudad. Puedes experimentar muchísimas culturas diferentes con solo caminar por la calle o probar diferentes restaurantes. Desde los vibrantes barrios mexicanos hasta el bullicioso Chinatown, el diverso Koreatown y el histórico barrio filipino.

Vivir en Los Ángeles ha sido una de las decisiones más estratégicas que he tomado. Además de disfrutar del mejor clima del mundo, la calidez y amabilidad de su gente han hecho que mi experiencia sea aún más excepcional. A lo largo de mi carrera, he tenido la oportunidad de trabajar en varias ciudades de Los Ángeles y explorar diferentes caminos profesionales, pero siempre me ha atraído trabajar con niños de todas las edades, desde recién nacidos hasta preadolescentes.

Durante mis años de preparatoria, mi madre me sugirió con frecuencia que me convirtiera en maestra, pero por alguna razón, nunca me sentí inclinada a seguir esa carrera. Sin embargo, años después, me di cuenta de que debería haber seguido su consejo. Algo que aprecio de vivir en Estados Unidos es la oportunidad de continuar mi educación y progresar profesionalmente mediante cursos continuos.

Además de los numerosos beneficios de vivir en Estados Unidos, el sistema de salud es particularmente notable. Aprecio profundamente los avances en la atención médica y, como residente, tengo el privilegio de acceder a toda la asistencia médica que necesite. El seguro médico puede ser costoso, pero para personas como yo con afecciones subyacentes, la inversión bien vale la pena.

Gestionar mi salud fue a menudo un reto al vivir en el extranjero como adulta. Sin fácil acceso a la atención médica habitual, me vi obligada a recurrir al autodiagnóstico cuando algo no iba bien...

Capítulo 3
Descubriendo las enfermedades cardíacas

He llevado un estilo de vida saludable y activo durante casi cuarenta y tres años, con solo algunos problemas de salud notables. Mi trayectoria vital ha estado marcada por una rica mezcla de experiencias internacionales. Nunca creí ser invencible, pero tampoco me había enfrentado al reto de una enfermedad grave ni a una hospitalización. La buena salud fue algo que nunca di por sentado, pero siguió siendo mi compañera constante, anclando silenciosamente mi sensación de libertad, independencia y posibilidad. Mis días estaban llenos de propósito y movimiento, rara vez interrumpidos por algo más que un resfriado pasajero o una dolencia menor.

Pero en el transcurso de unas semanas de mayo de 2016, mi salud empezó a deteriorarse rápida e inesperadamente, sin saber por qué. Ignoré rápidamente cada señal de alerta y mantuve mi ritmo frenético, concentrado en el trabajo y las obligaciones sociales, hasta que un día, simplemente no pude seguir. Fue un día que recordaría vívidamente si no hubiera estado tan delirante. Me sentí tan mal que ni siquiera pude ducharme.

Un día, mi jefe, Mike, vino a visitarme y me encontró apenas podía caminar, agobiado por el profundo malestar que experimentaba. Me trajo medicamentos, sopas y provisiones. Sus acciones, llenas de consideración y cariño, me ayudaron a superar los desafíos que enfrentaba. Su amabilidad me conmovió profundamente, y sin darme cuenta, las lágrimas comenzaron a correr por mi rostro. Al ver mi angustia, Mike no dudó en ofrecerme su hombro y brindarme el consuelo y la seguridad que tanto necesitaba. En ese momento, su presencia fue un salvavidas, un recordatorio de que hay ayuda disponible cuando la necesito.

Conozco a Mike y a su esposa, Liana, desde hace tiempo, y siempre los he sentido como los hermanos que nunca tuve. Su generosidad, compasión y apoyo incondicional han sido una bendición en mi vida. Estoy muy agradecido de haberlos conocido y de tenerlos como parte de mi camino en este rincón del cielo. Sin embargo, ese momento con Mike fue algo que nunca olvidaré, un verdadero testimonio del poder de la bondad y la importancia de estar presente para los demás.

Uno de los síntomas más preocupantes era la dificultad para respirar. Como el asma es común en mi familia, supuse que esa debía ser la causa. Incluso tenía un inhalador y lo usaba cuando lo necesitaba, sin pensar en consultar a un especialista. Lo que no me di cuenta era que mis síntomas no se debían en absoluto al asma; eran signos de una afección cardíaca. La dificultad para respirar, la fatiga, el malestar, todos tenían una causa raíz diferente. Esta experiencia me ha enseñado la importancia de escuchar a mi cuerpo y buscar ayuda profesional en lugar de dar por sentado que tengo las respuestas.

De alguna manera, logré llegar a Urgencias. Esperaba que me recetaran un medicamento que aliviara rápida y fácilmente mis síntomas. El médico me dijo que tenía neumonía; esa neumonía me causó estragos. Me convertí en una paciente asidua de Urgencias, lo cual era un círculo vicioso hasta que una amiga, que casualmente es enfermera titulada, me animó a ir a urgencias. Siguiendo su consejo, le pedí a mi prima, Josephine, que pasara la noche en mi casa para prepararme para recibir ayuda con el transporte a la mañana siguiente. Ante la posibilidad de un ingreso hospitalario, recogí algunas pertenencias y tomamos un Uber al hospital más cercano a primera hora de la mañana.

Por suerte, la sala de espera estaba vacía y me atendieron enseguida. Las visitas a urgencias suelen ser impredecibles y los tiempos de espera se hacen interminables, sobre todo cuando hay mucha gente. Llegar temprano y encontrarla tranquila fue un gran alivio. La enfermera de triaje me dijo que mi frecuencia cardíaca era de 175 y no bajaba. La frecuencia cardíaca normal en reposo de un adulto es de entre 60 y 100 latidos por minuto. Esto fue un indicio alarmante de que algo iba muy mal, pero no me alarmé porque no sentía que mi corazón latiera a un ritmo anormalmente rápido.

Tras diversas pruebas, el médico me diagnosticó fibrilación auricular (FA) y me derivó al cardiólogo de guardia. No estaba seguro de las implicaciones de la fibrilación auricular, y como la neumonía también era una preocupación, me costaba comprender mi estado de salud, lo que me hacía dudar de mi salud general. Le pregunté al médico cuándo podía irme a casa y me sorprendió que me dijera que no era una opción.

Al principio, pensé en quedarme una o dos noches para descansar, ya que no había dormido en tres noches y me sentía agotado e inquieto. Sin embargo, había estado sufriendo dolor de espalda y dificultad para dormir, sin darme cuenta de que tenía líquido en los pulmones. Esperaba recibir tratamiento y que me enviaran a casa con medicamentos para ayudarme en la recuperación, pero no estaba previsto.

Tras una evaluación exhaustiva de mi función cardíaca, mediante electrocardiograma y ecocardiograma, el cardiólogo diagnosticó estenosis valvular mitral grave y recomendó una intervención quirúrgica inmediata. Estuve un mes entero ingresado en dos hospitales, principalmente en la UCI. Como la mayoría de las personas, había experimentado un corazón roto en el pasado, pero nunca imaginé que *se me* rompería el corazón. La perspectiva de la hospitalización y la inminente cirugía cardíaca era abrumadora, y me costaba asimilar las posibles consecuencias. ¿Sería capaz de recuperarme? Pensé en mi familia en Filipinas, que sin duda estaba preocupada por mi situación, pero no pudo estar conmigo debido a la distancia.

Estaba experimentando una angustia emocional considerable. Llorar era mi consuelo, al igual que muchas oraciones. Sentía tanto dolor que estaba a punto de morir y tenía miedo de vivir. No sabía cómo sería la vida después de la cirugía de corazón, porque vivía sola y no tenía familia cercana cerca. ¿Cómo iba a sobrevivir? También temía no poder trabajar. Estaba tan consumida por el miedo que olvidé que Dios ya me había guiado a través de muchas etapas de mi vida.

Aunque no recuerdo haber estado enfermo de niño, el cardiólogo del hospital, el Dr. Ernst Von Schwarz, me dijo que era posible que hubiera tenido fiebre reumática de niño sin saberlo. Al haber crecido en los suburbios de Filipinas, recuerdo la falta de servicios médicos. Mi madre, profesional de la salud, probablemente desconocía mi diagnóstico de fiebre reumática. No teníamos muchas opciones médicas donde crecí. Cuando un niño tenía fiebre, los padres le daban analgésicos de venta libre de una tienda, y el niño se sentía mejor, sin esperar que la enfermedad tuviera efectos duraderos.

La estenosis grave de la válvula mitral contribuye a la disminución del flujo sanguíneo a través de la abertura valvular estrecha, desde la aurícula izquierda hasta el ventrículo izquierdo. Puede culminar en insuficiencia cardíaca con acumulación de líquido en los pulmones y bajos niveles de oxígeno en la sangre. Además de la fiebre reumática, la estenosis de la válvula mitral también puede ser causada por complicaciones de la faringitis estreptocócica. El Dr. Schwarz también comentó que tuve la suerte de llegar al hospital a tiempo, ya que mi frecuencia cardíaca elevada podría haber provocado un colapso y un desenlace potencialmente fatal.

Como persona soltera que vive sola, me preocupa morir sin nadie a mi lado. El Dr. Ernst von Schwarz es un cardiólogo clínico y académico de renombre mundial, residente en Estados Unidos, con triple certificación y profesor clínico de medicina en UCLA y UC Riverside. Se incorporó al Centro Médico Cedars-Sinai y a UCLA como director del programa de dispositivos cardíacos.

Durante mi recuperación, el Dr. Schwarz ha sido fundamental. Organizó mi traslado del Hospital Southern California al Hospital Cedars-Sinai, donde me sometí a una cirugía de corazón. Posteriormente, el Dr. Schwarz se convirtió en mi cardiólogo de cabecera y me atendió durante más de siete años. Antes de cambiar de seguro médico, me reuní con él para hablar sobre el impacto en mi atención médica, dado que no estaba afiliado a mi nuevo proveedor. Sin embargo, me aseguró que Kaiser Permanente me brindaría una atención excelente. Estoy sumamente agradecido por la dedicación inquebrantable del Dr. Schwarz, su compromiso con sus pacientes y su genuino entusiasmo por su profesión.

Tras un breve periodo en el Hospital del Sur de California, me trasladaron al Hospital Cedars-Sinai para una cirugía de corazón. Mi experiencia en el Hospital del Sur de California fue memorable gracias a una enfermera de noche que demostró una notable combinación de compasión, experiencia médica y talento artístico. Ofrecía oraciones y cantaba canciones de alabanza para ayudarme a dormir, demostrando así sus habilidades como cantante y compositora. Su atención fue un testimonio del poder de la bondad y la dedicación.

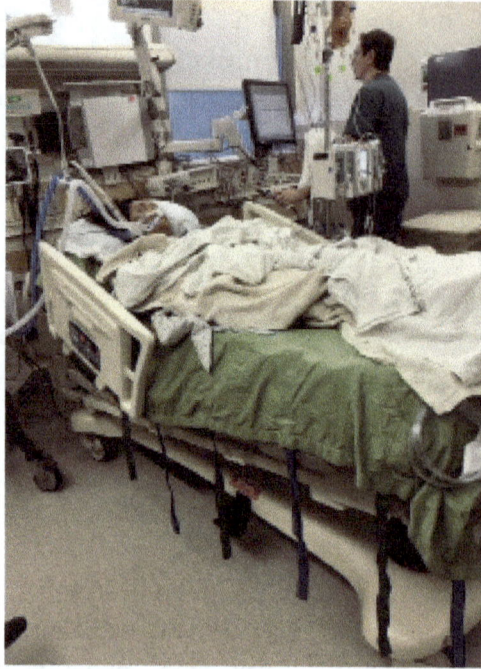

Esta foto fue tomada en la UCI justo después de mi cirugía de corazón.

Capítulo 4
Convirtiéndose en un guerrero del corazón

La excepcional reputación de Cedars-Sinai en cardiología y cirugía cardíaca motivó mi traslado a cirugía cardíaca, consolidando su estatus como uno de los mejores del país. Antes de mi cirugía, me obsesionaba pensar en cómo vivir después de la operación. La complejidad del asunto era abrumadora, y me costaba encontrar la manera más eficaz de gestionar mi vida.

Mi cirugía de corazón duró más de siete horas. Cuando recuperé el conocimiento, seguía intubado, pero los amigos que me acompañaban me brindaron apoyo emocional y me aseguraron que la cirugía había sido un éxito. Mi prima, Josephine, mi mejor amiga, Evelyn, y mis jefes, Mike y Liana, estuvieron allí para asegurarse de que no estuviera solo al despertar. Mike y Liana se tomaron un día libre de sus apretadas agendas para estar en el hospital durante mi cirugía por si el cirujano necesitaba información sobre mí. He tenido la suerte de contar con el apoyo de familiares y amigos durante mis momentos más difíciles.

Tras pasar el efecto de la anestesia, sufrí un dolor intenso y, como estaba intubado, no podía comunicarme verbalmente con la enfermera. Para comunicar mis necesidades, intenté tomar notas, pero mi letra era casi ilegible debido a las ataduras que me sujetaban los brazos a la cama. Estas ataduras se pusieron para evitar que me quitaran el tubo de la boca sin querer. El dolor era insoportable y, después de más de veinticuatro horas, cuando me retiraron el tubo de la garganta, finalmente pude informar a la enfermera que tenía un dolor considerable.

Desafortunadamente, tuve algunas complicaciones. Los médicos pensaron que mi corazón podría estar sufriendo una hemorragia y, de ser así, tendrían que realizar otra toracotomía.

Me derrumbé porque la idea de tener otra cirugía a corazón abierto en menos de cuarenta y ocho horas era demasiado dolorosa. Le dije a mi primo, Pye, que ya no podía soportar tanto dolor. Sinceramente, el recuerdo de esa experiencia después de todos estos años todavía me atormenta, y siempre lloro cada vez que pienso en ella.

Tras unas pruebas y una resonancia magnética, el equipo médico descubrió que tenía agua en los pulmones. ¡Eso era lo que me causaba el dolor! Por suerte, no tuve que pasar por otra cirugía, pero tuvieron que drenarme los pulmones. Durante el procedimiento, me colocaron en decúbito lateral y me administraron una inyección importante, que podía sentir recorriendo mi columna. Mantuve la valentía y la esperanza, a pesar de mi creciente ansiedad.

Tengo gratos recuerdos de mi enfermera, quien se esmeró en garantizar mi comodidad durante ese difícil procedimiento. Desinteresadamente, renunció a su hora de almuerzo para estar a mi lado, demostrando una dedicación y compasión que pocas veces he visto. Aunque no recuerdo su nombre, su amabilidad y empatía han dejado una huella imborrable en mi vida, recordándome la profunda diferencia que los profesionales de la salud pueden marcar en la vida de sus pacientes. Me brindó apoyo emocional permaneciendo conmigo y permitiéndome tomar su mano, brindándome consuelo.

El procedimiento demostró mi fortaleza, pues permanecí completamente despierto a pesar del dolor intenso y derramé lágrimas de determinación. Sin embargo, el dolor remitió enseguida después de drenar el líquido, y sentí una sensación de logro. El tiempo que pasé hospitalizado fue como una batalla interminable, pero también me di cuenta de lo bien que se sentía respirar con normalidad. Siempre había creído que mi respiración era normal, al menos para un asmático, que creía tener.

Mi recuperación no fue fácil. El miedo a no poder despertar al día siguiente, el dolor y el TEPT no eran ninguna broma. ¡En un mes, perdí *15 kilos* ! Estaba hecha un desastre. Lloraba por nimiedades, olvidaba otras cosas y a veces no recordaba nombres, ni siquiera de personas que conocía desde hacía años. Pero con el paso de los días, empecé a recuperarme. Es increíble cómo sana el cuerpo. Las cicatrices desaparecen, el apetito vuelve, el peso perdido regresa y la confusión mental se desvanece poco a poco. El camino no fue fácil, pero con la ayuda de mi equipo médico, amigos, familia, oraciones y Dios, mi condición mejoró.

Mantener un estilo de vida activo y saludable siempre ha sido una prioridad para mí, y creo que fue crucial para mi recuperación y recuperé mis fuerzas. Reflexionar sobre el Salmo 34:18 (NVI): « *Cercano está el Señor a los quebrantados de corazón y salva a los de espíritu abatido»*, me llena de esperanza saber que Dios siempre está cerca, que se compadece de mis luchas, mi dolor y mis debilidades, y que con bondad me ofrece consuelo y paz en momentos de necesidad.

Tener una válvula cardíaca mecánica (llamada válvula cardíaca St. Jude) me da tranquilidad, ya que se supone que dura toda la vida. Algo que nadie me dijo antes de la cirugía fue que tendría que tomar anticoagulantes de por vida. Mis primeras semanas tomando Coumadin no fueron fáciles. Me llevó semanas determinar mi dosis, qué alimentos podía comer y qué debía limitar. Tomar anticoagulantes también significaba que tenía que limitar mis actividades físicas porque me hacían propensa a sangrar.

Tomar Coumadin ha cambiado mi forma de abordar mi dieta, especialmente en lo que respecta a una de mis comidas favoritas: las ensaladas verdes. Dado que el Coumadin afecta la coagulación sanguínea, debo controlar cuidadosamente mi consumo de vitamina K, ya que desempeña un papel crucial en su acción. Desafortunadamente, muchas de las verduras de hoja verde que antes disfrutaba, como la espinaca, la rúcula y la col rizada, tienen un alto contenido de vitamina K y requieren moderación o eliminación de mi dieta. En lugar de dejar las ensaladas por completo, encontré maneras creativas de seguir disfrutándolas y mantener estables mis niveles de vitamina K. Me concentro en verduras bajas en vitamina K, como la lechuga iceberg crujiente, la remolacha dulce y las zanahorias crujientes, entre otras opciones. Estos ingredientes me permiten mantener las ensaladas frescas y vibrantes que me encantan sin interferir con mi medicación.

Manejar esta restricción dietética no siempre ha sido fácil, pero me ha enseñado a ser más consciente de lo que como y a explorar nuevos sabores y texturas.

Controlar mi salud mientras tomo Coumadin ha sido una parte importante de mi vida diaria. Uno de los mayores desafíos es controlar regularmente mis niveles de INR (Índice Internacional Normalizado) para asegurar que mi sangre se mantenga dentro del rango seguro de 2,5 a 3,5. Al principio, las visitas frecuentes a la clínica de Coumadin me parecían una carga añadida, tanto en tiempo como en coste. El proceso era necesario, pero requería una planificación cuidadosa y dedicación.

Para facilitarme las cosas, opté por el control del INR en casa. Poder controlar mis niveles en casa ha sido una gran comodidad, ya que me permite controlar mi salud sin tener que ir tanto a la clínica. Sin embargo, todavía necesito ir al laboratorio de vez en cuando para confirmar la precisión de mis lecturas. Afortunadamente, mi monitor doméstico ha demostrado ser fiable, lo que me da tranquilidad saber que puedo controlar mis niveles de INR regularmente sin interrumpir mi vida diaria.

¡Mi cirugía de corazón fue todo un éxito! Felicitaciones a mi cirujano, el Dr. Danny Ramzy, y a su equipo médico del Instituto de Cardiología Cedars-Sinai. El tictac que escucho a diario en mi pecho es precioso. El Dr. Ramzy es un líder mundial en la implementación de todas las formas de intervenciones quirúrgicas cardíacas mínimamente invasivas y robóticas disponibles en la actualidad. El Dr. Ramzy demostró ser un cirujano altamente capacitado, explicando con compasión mi afección cardíaca y las razones por las que recomendar la cirugía robótica como el enfoque óptimo para mi edad.

Aspiro a superar la necesidad de anticoagulantes, que me han obstaculizado el camino. ¿Podría ser ventajoso un futuro sin Coumadin? Si se están realizando ensayos clínicos con válvulas mecánicas y Coumadin, me interesa obtener más información y posiblemente participar en el estudio.

Mi camino hacia la recuperación estuvo marcado por dificultades, como las de las personas con enfermedades cardíacas, sus familias y cuidadores. Tras un mes de hospitalización, me enviaron a casa, presa del miedo y la aprensión.

Sentía ansiedad por varios aspectos de la vida diaria, como tomar medicamentos, comer, caminar por mi vecindario y simplemente llevar una vida normal. Vivir solo después de una cirugía de corazón puede ser intimidante. Sin embargo, tuve que mantenerme resiliente y evitar preocuparme demasiado por mis circunstancias. Me recordé a mí mismo que ya había superado lo más difícil y que necesitaba ser fuerte y paciente para superar los obstáculos restantes. He tenido la suerte de contar con el apoyo de mis primos.

Pye, quien ha sido mi compañera constante durante esta dura prueba, dedicó su día libre a ayudarme con diversas tareas, en particular a organizar mis medicamentos. Es farmacéutica y médica, y agradezco su presencia en mi vida. Me cuesta imaginar cómo manejar mis circunstancias sin su guía. Tuve dificultades para administrar mis medicamentos debido a las numerosas recetas, lo que me causó mucha ansiedad por posibles errores. La complejidad de llevar un registro de ellas fue abrumadora.

Agradezco a Pye, quien ha sido fundamental para atender mis necesidades, por su invaluable apoyo con la ducha y el cuidado de las heridas, y, sobre todo, por explicarme información médica que ha mejorado significativamente mi comprensión de mi condición. Sin ella, dudo que hubiera podido manejar la situación eficazmente. Su apoyo fue crucial para mi exitosa recuperación.

En cuanto a mi otra prima, Josephine (o como la llamo Ate Jo), fue increíblemente servicial, ayudándome con varias tareas, haciendo la compra y cocinando para mí en sus días libres. Su amabilidad y generosidad marcaron una gran diferencia durante mi recuperación, recordándome la importancia de un sólido apoyo.

Después de un período de dos semanas luego de mi hospitalización, traté de reanudar mis actividades normales, incluyendo cocinar y administrar mis responsabilidades típicas, ya que no podía confiar constantemente en la ayuda de mis primos, dadas sus propias responsabilidades y obligaciones.

Recuerdo vívidamente haber dejado caer algo al suelo y haberlo recogido, pero no pude levantarme y tuve que arrastrarme junto al sofá para agarrar algo que me ayudara a levantarme. Me consumía una intensa sensación de aislamiento e impotencia. Como pueden imaginar, rompí a llorar en el suelo, buscando consuelo, mientras me frustraba cada vez más la situación, que me resultaba insoportable, y la estaba poniendo demasiado dramática. Me preocupaba que la presión en el pecho pudiera hacer que la incisión sangrara. Sin embargo, al mirar atrás, aprecio el valor de la calma. Al final, mis esfuerzos valieron la pena.

Vivir en un complejo de apartamentos ha sido una ventaja, ya que mi vecina Ally, que es excepcionalmente amable, me ha brindado mucha ayuda y apoyo. A veces, era consciente de mi angustia, como lo demuestra su amable gesto de tener su teléfono cerca por si necesitaba ayuda. A veces, me quedaba despierto por la noche, sin poder dormir debido a la decisión de mi cirujano de suspender mi analgésico, que, aunque efectivo, tiene propiedades adictivas. Una noche, me sentí abrumado por la emoción, no solo por el dolor, sino también por la frustración de la falta de sueño y los síntomas de abstinencia.

En mi momento más oscuro, recurrí a la oración y le entregué mis luchas al Señor. Fue entonces cuando experimenté un poderoso encuentro con el Señor, sintiendo una presencia sentada frente a mí, ofreciéndome consuelo y comprensión. Él compartió mi dolor, recordándome su propio sacrificio y dolor en la cruz, y brindándome una nueva perspectiva sobre mi sufrimiento. Fue entonces cuando comprendí que mi dolor era insignificante comparado con el sufrimiento que Jesucristo soportó en la cruz del Calvario por mi pecado hace más de dos mil años.

Tras un período de recuperación de dos meses, experimenté una mejora significativa. Pude volver al trabajo y retomar mis actividades favoritas.

Tras la cirugía de corazón, llevé un estilo de vida dinámico y saludable, que se basaba en mi entrenamiento constante en el gimnasio, las escapadas de senderismo de fin de semana y los paseos revitalizantes por la playa. Disfrutaba cocinando comidas saludables y adopté hábitos saludables que mejoraron mi bienestar. A medida que seguía recuperándome, me di cuenta de que mis cuerdas vocales se habían visto afectadas por la intubación, pero mantuve la esperanza y me concentré en mi recuperación. Esto fue especialmente frustrante, ya que mi pasión por el canto se había visto significativamente afectada. Desafortunadamente, ya no puedo cantar notas agudas. De hecho, cantar se ha vuelto extremadamente difícil, pero mantengo la esperanza de que, algún día, podré volver a cantar.

Capítulo 5
Buscando la gracia de Dios

Antes de la cirugía de corazón, mi relación con el Señor era distante. Me había desviado del camino correcto, viviendo la vida a mi manera, hasta que la enfermedad me obligó a reevaluar mi situación. Recuerdo con claridad que, en el momento en que mi cardiólogo me dio la noticia de que necesitaba una cirugía inmediata, supe instintivamente que necesitaba la guía y la oración de un pastor. En ese momento, sentí un despertar espiritual; no estaba seguro de que mi fe me sostuviera.

Había asistido a una iglesia cercana de vez en cuando cuando sentía la necesidad, pero nunca intenté forjar relaciones ni participar en las actividades de la iglesia. No era una prioridad para mí. Sin embargo, cuando necesitaba atención pastoral y quería contactar a la iglesia para pedir oraciones, me costaba encontrar la manera adecuada de hacerlo, ya que el pastor y la congregación me conocían tan poco como yo a ellos.

Recurrí a las redes sociales en busca de consuelo, conectando con amigos y familiares de todo el mundo para pedirles oraciones y apoyo. Todos me habían brindado consuelo y oraciones. Estoy profundamente agradecida con todos los que estuvieron presentes durante esos momentos difíciles. Recuerdo claramente mi llanto prolongado debido a la aprensión que sentía por la situación. Mis médicos en Cedars-Sinai me sugirieron una evaluación psiquiátrica, sospechando que padecía depresión. Tras una consulta con un psiquiatra, me recetaron antidepresivos, que decidí no tomar. Era plenamente consciente de mi situación, y llorar me sirvió como consuelo y oración.

Me prometí a mí mismo que, una vez sanado, encontraría una comunidad religiosa a la que pudiera pertenecer. No creo que pudiera soportar otra situación difícil sin una base espiritual sólida. Después de mi recuperación, comencé a asistir a los servicios religiosos, y la Iglesia Harvest Rock en Pasadena,

California, se convirtió en mi nuevo lugar de culto. Asistir regularmente a los servicios dominicales y a las reuniones de oración entre semana en un lugar alternativo me trajo una inmensa alegría y un profundo sentido de pertenencia. Estar en la iglesia, rodeado de una comunidad de fe, me llenó de paz y felicidad.

Hay algo verdaderamente especial en adorar juntos, alzar nuestras voces en alabanza y sentir la presencia de Dios en la música y el mensaje. Cada domingo, esperaba con ansias los cantos de adoración que conmovían mi corazón y el sermón que ofrecía aliento y sabiduría. Uno de los momentos más significativos para mí fue cuando los ancianos oraron por mí. Sus palabras de fe y bendición me brindaron consuelo y fortaleza. Fue una experiencia poderosa sentir el apoyo de quienes me precedieron fielmente, animándome en oración. Más allá de la adoración y el mensaje, también disfruté la oportunidad de conocer nuevos amigos. Hay una alegría única en conectar con personas que comparten la misma fe y valores, forjando lazos que se extienden más allá de los servicios dominicales.

Formar parte de la comunidad de la Iglesia Harvest Rock fue una verdadera bendición, y estoy agradecido por cada momento compartido. Sin embargo, el largo viaje y las limitadas opciones de estacionamiento plantearon desafíos importantes, así que busqué la guía divina para una nueva iglesia. El tráfico en Los Ángeles es notoriamente frustrante, y la gran población de la ciudad, de casi cuatro millones de habitantes, dificulta el transporte eficiente.

Un domingo, asistí a la Iglesia Core de Los Ángeles, ubicada en mi barrio. Había asistido a la Iglesia Core de forma intermitente desde su fundación, pero no me había comprometido del todo porque no estaba seguro de si estaba listo para participar activamente. Después de asistir unas semanas, le pedí al Señor que me guiara y confirmara si este era el lugar que Él tenía destinado para mí. En efecto, el Señor respondió de una manera profunda y divina, y desde ese momento, la Iglesia Core de Los Ángeles se convirtió en mi hogar espiritual y santuario de alegría.

Como parte integral de esta comunidad de fe, he cultivado amistades significativas y profundizado mi relación con el Señor. Posteriormente, me involucré más en nuestra comunidad eclesial, lo que me permitió cumplir mi propósito como miembro del cuerpo de Cristo. Creo firmemente que Dios nos ha llamado a servir a un propósito superior en esta vida.

Y sabemos que a los que aman a Dios, todas las cosas les ayudan a bien, esto es, a los que conforme a su propósito son llamados. Romanos 8:28 (RVR1960)

A menudo reflexionamos sobre el propósito de nuestra vida. Dios orquesta cada acontecimiento de nuestra vida, incluyendo las dificultades. Después de una cirugía de corazón, me di cuenta de que mi tiempo en esta tierra aún no había terminado. Podría haber enfrentado mi fin, pero aún respiraba, vivía y apreciaba mi vida renovada con el Señor, mis seres queridos y mi familia de la iglesia.

Recibir otra oportunidad en la vida fue y es una verdadera bendición. Guardo con cariño los recuerdos de mi vida antes de la cirugía de corazón, y al transitar este nuevo camino, me he dado cuenta de la gran cantidad de hombres y mujeres que luchan contra las enfermedades cardíacas. Descubrí que hay otros como yo; no estaba solo. Muchos sobrevivientes buscan conectar con otros sobrevivientes, lo que me llevó a encontrar grupos de apoyo, tanto en redes sociales como en persona, donde participé brevemente.

Las enfermedades cardíacas son una de las principales causas de muerte en todo el mundo. Según la Organización Mundial de la Salud, las enfermedades cardiovasculares —incluidos los infartos, los accidentes cerebrovasculares y otras afecciones cardíacas— son responsables de aproximadamente

17,9 millones de muertes al año, lo que representa aproximadamente el 32 % de todas las muertes a nivel mundial.
1

Conectar con alguien que ha pasado por una experiencia similar fue inmensamente beneficioso. Compartimos comprensión y compasión por los desafíos y el sufrimiento del otro. Afortunadamente, muchas enfermedades cardíacas se pueden prevenir mediante cambios en el estilo de vida, detección temprana y atención médica adecuada. Mantener un peso saludable, seguir una dieta cardiosaludable (como la mediterránea), hacer ejercicio regularmente y controlar el estrés pueden reducir significativamente el riesgo.

Al comenzar mi trabajo, sentí un profundo aprecio por la normalidad en mi vida. Como especialista certificada y capacitada en cuidado neonatal, trabajé principalmente con bebés y, ocasionalmente, recibí ofertas para ser niñera tras conectar con alguna familia.

He tenido el privilegio de trabajar con numerosas familias y estoy profundamente agradecida por su apoyo y amabilidad. Algunas de estas familias incluyen personas de renombre, y uno de los aspectos más gratificantes de mi trabajo ha sido mantener el contacto con ellas a lo largo de los años. Agradecí enormemente haber servido a una de estas familias, pues irradiaban amabilidad y generosidad. Su hija se convirtió en parte integral de mi vida, sintiéndola como si fuera mía. Nuestro vínculo fue profundo, y juntas hemos creado recuerdos imborrables que llenan mi vida de amor, risas y un sentido de pertenencia.

Ver crecer y desarrollarse a mis bebés es realmente gratificante, y me enorgullece el papel que he desempeñado en sus vidas. ¡Amo a los bebés! Su inocencia es increíblemente valiosa. Aunque no tengo hijos propios, los atraigo de forma natural. Siempre he considerado a los bebés con los que he trabajado como míos. Esta es mi forma de contribuir a la sociedad.

Estar soltera puede ser un camino difícil, pero transformador, sobre todo al lidiar con problemas de salud, pero la presencia constante de Dios ha sido mi apoyo en momentos de necesidad. Esto intensifica mi gratitud en mis circunstancias, ya sea casada o no. Terminar una relación de casi cinco años fue una de las decisiones más difíciles que he tomado. Amaba profundamente a mi novio y alejarme de alguien con quien había compartido tanto fue como arrancarme un pedazo del corazón, especialmente justo después de mi cirugía de corazón. Pero sabía que quedarme significaría sacrificar mi propia felicidad y mis valores a largo plazo.

He llegado a comprender lo importante que es conocer las propias necesidades y tener una visión de futuro. Cuando empezamos a salir, creía que estábamos de acuerdo sobre lo que queríamos en la vida. Hablábamos de nuestros sueños y metas, y aunque el tema del matrimonio no surgió a menudo al principio, nunca dudé de que sería algo que eventualmente perseguiríamos. Cinco años es mucho tiempo para invertir en una relación, y en muchos sentidos, estábamos profundamente conectados. Pero con el tiempo, empecé a darme cuenta de que el matrimonio no estaba en sus planes a largo plazo. Amar a alguien no debería significar renunciar a tus propios sueños ni conformarte con menos de lo que necesitas.

En retrospectiva, veo mi cirugía de corazón no solo como una sanación física, sino como un despertar emocional. Me recordó mi propia fuerza y la importancia de priorizar mi bienestar, mientras que la ruptura marcó el final de un capítulo importante en mi vida. Esto también me abrió las puertas a un futuro donde mis valores y deseos son plenamente valorados, y puedo confiar en la voluntad de Dios. Solo Dios sabe lo que realmente es mejor para nosotros, y como creyente, aprendí que debo depositar mi confianza solo en Jesús. Jesús conoce nuestros corazones y necesidades. Mi vida depende de Él y solo de Él.

Capítulo 6
Por el corazón salvaje de América: un viaje sin fin

Me sentí revitalizado al retomar mi vida diaria, inspirado por mi pasión por explorar parques nacionales y vivir nuevas aventuras. A lo largo de los años, he tenido el privilegio de visitar varios parques, y tengo muchos más por delante. Mis viajes han sido un catalizador para mi crecimiento, alimentando mi curiosidad y entusiasmo por la vida.

En mi quincuagésimo cumpleaños, en marzo de 2023, decidí celebrar la ocasión con un viaje especial, acompañada por mi querida amiga de la iglesia, Rebecca, que estaría lleno de las maravillas de la naturaleza. Rebecca me acompañó en un viaje por carretera para visitar al menos nueve parques nacionales. Comenzamos nuestra aventura en Las Vegas, luego recorrimos los impresionantes paisajes de Utah y Arizona, antes de regresar a Las Vegas para celebrar mi cumpleaños con una deliciosa cena.

Uno de los momentos más destacados de nuestro viaje fue visitar el Parque Nacional Canyonlands y el Valle de los Monumentos. La inmensidad del parque y sus espectaculares formaciones rocosas nos dejaron a ambos maravillados. Nos maravillamos con las amplias vistas, cada mirador ofrecía una perspectiva diferente del accidentado terreno. El silencio del desierto era profundo, lo que hacía que los paisajes se sintieran aún más sagrados. Pero fue el Cañón del Antílope lo que realmente me cautivó.

Al descender por los estrechos pasadizos, los colores de las paredes del cañón cambiaban con la luz, creando una atmósfera de ensueño. Bajar a la cueva para contemplar su belleza interior fue un momento inolvidable. La forma en que la luz del sol iluminaba las formaciones rocosas desde arriba creaba imágenes fascinantes, cada ángulo revelaba algo nuevo. La fluidez de las curvas, los intensos naranjas y morados, y las sombras danzantes me dejaron sin palabras. Hay algo en el camino abierto, los paisajes cambiantes y el cielo infinito que siempre me ha llamado.

Mis viajes por los parques nacionales de Estados Unidos han sido más que simples excursiones; han sido viajes a algunos de los lugares más impresionantes e imponentes del planeta. Desde las imponentes formaciones rocosas de Sedona hasta la imponente majestuosidad del Gran Cañón, los escarpados picos de Grand Teton y la belleza surrealista del Cañón Bryce, cada parque me ha dejado una impresión que perdura mucho después de mi partida.

Sión

El Parque Nacional Zion fue una de mis primeras experiencias con la belleza salvaje e indómita del Oeste. Conduciendo por las sinuosas carreteras, me vi rodeado de imponentes acantilados de arenisca roja intensa, cuyos colores cambiaban con el sol. El río Virgin se abría paso a través del valle, un salvavidas en un paisaje por lo demás árido. Me quedé maravillado ante la magnitud de todo aquello, la arquitectura de la naturaleza expuesta de la forma más espectacular posible.

Cañón Bryce

Un paisaje de otro mundo, no muy lejos de Zion, el Cañón Bryce me hacía sentir como si estuviera en otro planeta. Las delgadas formaciones rocosas de los hoodoos, con forma de aguja, se alzaban de la tierra formando patrones extraños y fascinantes, con sus colores brillando al amanecer y al atardecer. Al contemplar este laberinto de esculturas naturales desde el borde, experimenté una silenciosa sensación de asombro. El paisaje se había moldeado durante millones de años, pero aun así se sentía vivo, en constante cambio con la luz y el paso del tiempo.

Gran Tetón

La majestuosidad de las montañas del Parque Nacional Grand Teton de Wyoming era de una belleza completamente distinta. Los escarpados picos de los Tetons dominaban el horizonte, reflejándose en las tranquilas aguas de los lagos. Recorrer el lago Jenny con la familia con la que trabajé fue una aventura inolvidable. La belleza de la zona, con sus aguas cristalinas y sus imponentes picos, era sobrecogedora.

A medida que avanzábamos por el sendero, sentíamos cierta emoción al saber que estábamos en territorio de osos. Aunque no nos topamos con ninguno, las huellas y excrementos frescos que encontramos nos recordaron que estaban cerca. Esto añadió un toque de emoción y precaución a la caminata, lo que nos impulsó a estar atentos a cualquier señal de fauna. Aunque los osos seguían siendo esquivos, el simple hecho de estar en un entorno tan prístino y salvaje hizo la experiencia aún más especial.

El impresionante paisaje, combinado con la sensación de estar en plena naturaleza, hizo de esta caminata una experiencia inolvidable. Pasé el tiempo simplemente disfrutando de las vistas, viendo cómo la niebla de la tarde se alzaba sobre el lago Jenny, observando la fauna en los prados y sintiendo el aire fresco de la montaña en la piel. Era el tipo de lugar que me hacía relajarme y apreciar la serena majestuosidad de la naturaleza.

Yellowstone

No podía perderme Yellowstone, el primer parque nacional de Estados Unidos y uno de los lugares más singulares que he visitado. No quería perderme la oportunidad de ver Yellowstone, ni siquiera solo (bueno, con un grupo de turistas de diferentes partes del país que compartían el mismo interés). Desde los géiseres burbujeantes hasta las vibrantes aguas termales, las maravillas geotérmicas de Yellowstone eran sencillamente hipnóticas. Ver la erupción del Old Faithful en un chorro de vapor y agua fue un momento de asombro, como si la tierra misma estuviera ofreciendo un espectáculo. La fauna del parque también fue un punto culminante, con bisontes pastando en las praderas y alces deambulando por los bosques. Yellowstone se sentía como el corazón de la naturaleza, lleno de energía y belleza.

El Gran Cañón

Una ventana al pasado; nada te prepara realmente para la primera vez que ves el Gran Cañón. Me quedé en el borde, abrumado por su inmensidad; las capas de roca revelaban millones de años de historia. A medida que la luz cambiaba a lo largo del día, los colores del cañón se transformaban en naranjas intensos por la mañana, rojos intensos por la tarde y púrpuras suaves al anochecer. Me encontré simplemente observando, sintiéndome pequeño en el mejor sentido de la palabra, recordando lo antigua y poderosa que es la Tierra.

Sedona

Sedona era diferente a cualquier otro lugar que había visitado. Las formaciones rocosas rojizas, moldeadas por el tiempo y el viento, le daban al paisaje una cualidad casi mística. Conduciendo con amigos por la zona, cada curva revelaba una nueva vista impresionante. Catedrales de piedra que se alzaban contra el cielo azul, cañones excavados por ríos que ya no existían y una atmósfera que se sentía a la vez pacífica y poderosa. Ya sea contemplando el atardecer teñir las rocas de tonos dorados o simplemente disfrutando de la quietud del desierto, Sedona me dejó una profunda conexión con la tierra.

Cada parque nacional que he visitado me ha recordado la belleza y la inmensidad de la naturaleza. Estos lugares me han brindado momentos de asombro, reflexión y una mayor apreciación de los paisajes que conforman este país. Al contemplar estos increíbles lugares, no pude evitar pensar en la belleza con la que Dios creó la Tierra: cada montaña, cañón y desierto parecía un reflejo de la perfección divina. Aunque mi viaje me ha llevado a recorrer muchos kilómetros, sé que aún quedan innumerables maravillas por ver. Y esa es su belleza.

Siempre hay otro camino por recorrer, otra vista que admirar, otro rincón de la naturaleza por descubrir.

Gran Cañón, Arizona

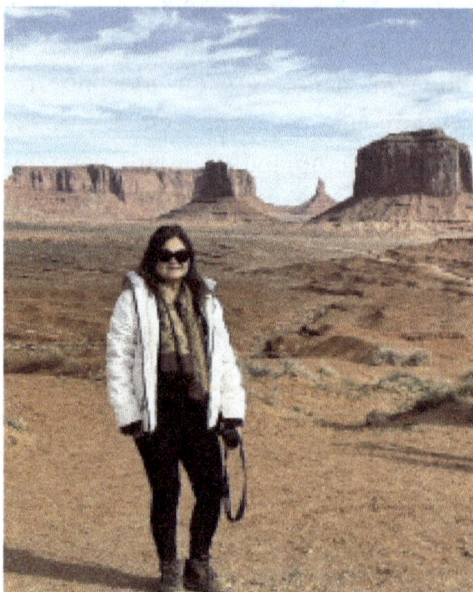

Valle de los Monumentos, frontera entre Utah y Arizona

Cañón del Antílope, Arizona

Con Rebecca en Canyonlands, Utah

Cañón Bryce, Utah

Yellowstone, Wyoming

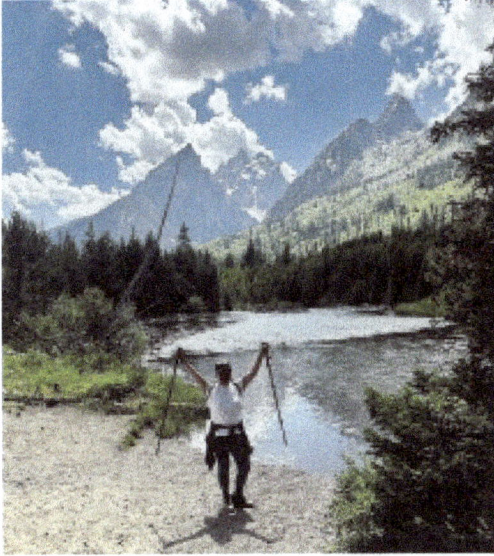

Lago Jenny, Grand Teton, Wyoming

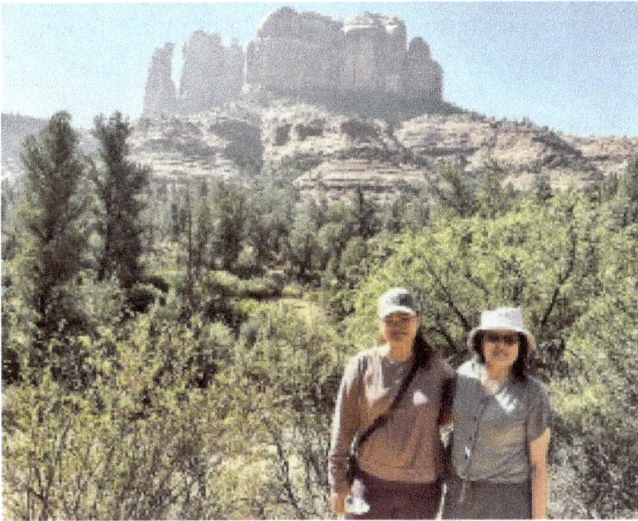

Con Evelyn en Cathedral Rock, Sedona, Arizona

Capítulo 7
Él es mi escudo

Una tarde de verano de 2017, me embarqué en un paseo en bicicleta eléctrica, que resultó ser una aventura emocionante. Sin embargo, subestimé la velocidad cuesta abajo, que superaba con creces la velocidad en carretera. Me entró el pánico y, al frenar a fondo, perdí el control y me caí, golpeándome la cabeza y el codo. Me llevaron de inmediato a urgencias de la UCLA para una tomografía de cráneo y radiografías del codo. Por suerte, mi casco de alta calidad evitó una lesión en la cabeza, pero sufrí una fractura de codo que requirió cirugía.

Según Mayo Clinic:

La cirugía de reemplazo de codo elimina las áreas dañadas de la articulación y las reemplaza con piezas de metal y plástico. Estas se conocen como implantes. Esta cirugía también se llama artroplastia de codo. Tres huesos se unen en el codo ·

Tras mi artroplastia de codo, me sometí a varias sesiones de fisioterapia para facilitar una pronta recuperación. Tras una fractura de codo, la fisioterapia se suele realizar para acelerar la recuperación y recuperar la amplitud de movimiento de la articulación. Además, fortalece la fuerza y la movilidad del codo, el brazo, el hombro y la muñeca.

Durante meses, me enfrenté a numerosos desafíos. Es difícil apreciar la complejidad de realizar las tareas cotidianas con un solo brazo. Nuestros cuerpos están magistralmente diseñados, y cada componente cumple una función distinta. Me costaba imaginarme arreglándomelas con un solo brazo, ya que actividades cotidianas —como conducir, cocinar, ducharme e incluso tareas sencillas como ponerse lentes de contacto o doblar la ropa— se convertirían en desafíos abrumadores. Me alivió saber que la gravedad de la lesión era una fractura de brazo, ya que las consecuencias podrían haber sido mucho peores.

Aunque los desafíos de la vida pueden ser abrumadores, también brindan oportunidades de crecimiento, impulsando un viaje de autodescubrimiento, resiliencia y triunfo. Al aprovechar cada momento, podemos liberar y alcanzar nuestro máximo potencial. Cada nuevo día trae una esperanza renovada, la oportunidad de tejer un rico tapiz de experiencias y vivir una vida de asombro, admiración y alegría. Vivir con propósito nos permite conectar con la belleza de la vida y apreciar su valor.

Salmo 91
La seguridad del que confía en el SEÑOR
(NVI 1995)

[1] *El que habita al abrigo del Altísimo morará a la sombra del Todopoderoso.* [2] *Yo diré al Señor: «¡Mi refugio y mi fortaleza, mi Dios, en quien confío!».* [3] *Porque él te libra de la trampa del cazador y de la peste mortal.* [4] *Con sus plumas te cubrirá, y debajo de sus alas estarás seguro; escudo y baluarte es su fidelidad.*

[5] *No temerás el terror nocturno, ni la flecha que vuela de día;* [6] *ni la peste que acecha en la oscuridad, ni la destrucción que asolará al mediodía.* [7] *Mil caerán a tu lado, y diez mil a tu diestra, pero a ti no se acercará.* [8] *Solo mirarás con tus ojos, y verás la recompensa de los malvados.* [9] *porque has puesto al Señor, mi refugio, al Altísimo, tu morada.* [10] *ningún mal te sobrevendrá, ni plaga se acercará a tu morada.*

[11] *Porque a sus ángeles mandará acerca de ti, que te guarden en todos tus caminos.* [12] *En las manos te llevarán, para que no tropieces con tu pie en piedra.* [13] *Sobre el león y la cobra pisarás, al cachorro de león y a la serpiente hollarás.*

[14] *Porque me ha amado, yo lo libraré; lo pondré en alto, porque ha conocido mi nombre.* [15] *Me invocará, y yo le responderé; estaré con él en la angustia; lo rescataré y lo glorificaré.* [16] *Lo saciaré de larga vida, y le haré ver mi salvación.*

El Salmo 91 describe la protección divina de Dios y su amor por su pueblo. El Señor es mi refugio y fortaleza. Me inspira a confiar en Él, a pesar de los obstáculos de la vida. Su promesa de confiar mi cuidado a los ángeles demuestra su amor, que es mi seguridad. Como Él conoce mi nombre íntimamente, invocaré su nombre, seguro de su respuesta. ¡Estas extraordinarias promesas del Dios Todopoderoso son una fuente de consuelo! Dios es la personificación del amor, y su misericordia perdura para siempre.

En medio de la adversidad, la vida debe continuar. Las dificultades de la vida nos brindan oportunidades para superar los desafíos. Con fe, confiamos en que el poder de Dios intercede por nosotros. Al recordar mi trayectoria, especialmente durante mi cirugía de corazón, el Salmo 91 se convirtió en una fuente de paz y fortaleza. Enfrentar un momento tan trascendental me hizo sentir vulnerable como nunca antes. Las palabras: «El que habita al abrigo del Altísimo morará a la sombra del Omnipotente» fueron un recordatorio constante de que no estaba solo, de que Dios estaba conmigo, protegiéndome, incluso en mi miedo e incertidumbre.

Durante mi recuperación, meditaba a menudo en el versículo: «Con sus plumas te cubrirá, y bajo sus alas hallarás refugio». Me reconfortaba imaginarme resguardado por el cuidado de Dios, como un niño protegido por un padre amoroso. Fue en esos momentos de quietud y reflexión que me di cuenta de cuánto necesitaba no solo sanación física, sino también renovación emocional y espiritual.

El Salmo 91 también me dio claridad sobre mi relación. Me recordó que Dios tiene un plan para mi vida, un plan que incluye paz, amor y plenitud. El versículo: «Lo saciaré de larga vida y le mostraré mi salvación» se convirtió en un llamado a priorizar mi propio bienestar y a confiar en que Dios me daría el camino correcto. Terminar mi relación no fue una decisión fácil, pero sabía que necesitaba alinear mi vida con las promesas de Dios. La seguridad de protección del salmo me dio la valentía para soltar un amor que ya no se alineaba con mi futuro, confiando en que Dios me guiaría hacia algo más grande.

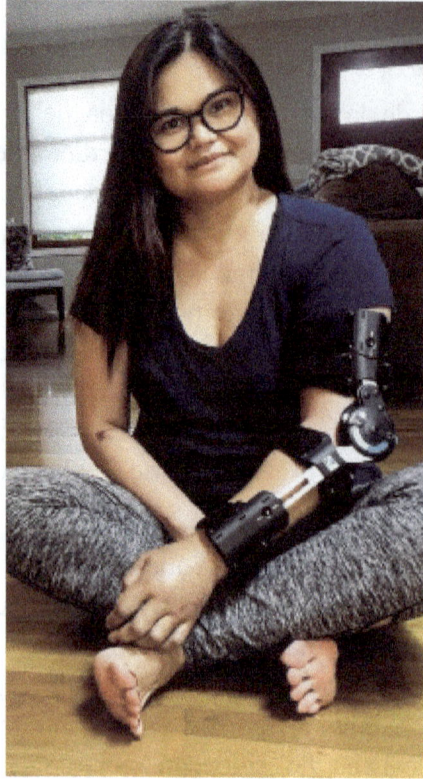

Capítulo 8
Nunca solo

En diciembre de 2018, me invitaron a ir a Hawái con una familia con la que trabajaba.

Una de mis cosas favoritas de estar en Hawái era esperar las puestas de sol. Las puestas de sol en Hawái son realmente mágicas. Los colores que se funden en el cielo, reflejándose en el océano, son simplemente impresionantes. Es un espectáculo impresionante de la belleza de la naturaleza que siempre inspira asombro y admiración. El Mauna Kea Beach Hotel en la Isla Grande ofrece impresionantes vistas del atardecer con el océano como fondo. La familia con la que fui prefirió la Isla Grande como destino, y tuve la suerte de asistir a sus reuniones navideñas, que pasan con sus familiares cada Navidad y Año Nuevo.

Mientras estuve allí, experimenté un fuerte dolor abdominal que se intensificó a pesar del buen tiempo y las puestas de sol. Mi condición empeoró hasta el punto de necesitar reposo y medicación, lo que, lamentablemente, exacerbó mis síntomas. Experimenté mareos extremos y problemas de movilidad, lo que finalmente me obligó a acudir a urgencias del Hospital Comunitario Queens North Hawaii en Kamuela.

Había sentido dolor abdominal antes, lo suficiente como para saber que a menudo indicaba el comienzo de mi regla. Era algo familiar y algo que había aprendido a manejar con los años, pero esta vez, algo era diferente. El dolor no era solo incómodo; era agudo, implacable y empeoraba cada hora. Al principio, intenté aguantarlo, convenciéndome de que era solo otro ciclo difícil. Pero pronto, la intensidad se volvió insoportable. Una sensación profunda y punzante me recorría el bajo vientre, dificultándome moverme y respirar. Algo no iba bien.

Para cuando llegué a urgencias, el dolor y la incertidumbre me abrumaban. Cada minuto se me hacía eterno mientras los médicos trabajaban con rapidez para evaluar lo que sucedía. Pruebas, escáneres, conversaciones en voz baja... podía ver la preocupación en sus rostros incluso antes de que dijeran una palabra. Entonces llegó la respuesta: tenía una hemorragia interna.

Las palabras penetraron lentamente, su peso me oprimía. Sangrando... por dentro... La realidad de estar tomando Coumadin, un anticoagulante, solo empeoraba las cosas. Mi mente se llenaba de preguntas. ¿Podrían detenerlo? ¿Necesitaría cirugía? Sentía mi cuerpo debilitarse, agotado por la batalla invisible que se libraba en mi interior.

El equipo médico actuó con rapidez, sopesando cuidadosamente mi condición con los riesgos. Confié en ellos, pero más que eso, recé. Apenas tuve tiempo de procesar lo que estaba sucediendo cuando los médicos me aclararon que necesitaba cirugía. La hemorragia no se detenía sola, y con Coumadin en mi organismo, el riesgo era aún mayor. Las palabras me pesaban, pero sabía que no tenía otra opción.

Mientras me preparaban para el procedimiento, una oleada de emociones me invadió. Miedo. Incertidumbre. Agotamiento. Mi cuerpo ya había soportado tanto, y ahora tenía que rendirme por completo, confiando en que los cirujanos detendrían la hemorragia y me salvarían. Pensé en todo lo que había pasado mientras yacía allí: mis problemas de salud, mi resiliencia, las oraciones que me habían ayudado a superarlo. Susurré una ahora, pidiéndole a Jesús que estuviera conmigo, que guiara a los médicos, que me mantuviera firme en lo desconocido.

Antes de mi cirugía, necesitaba transfusiones de sangre e infusiones intravenosas de vitamina K. Había perdido *más de cuatro litros* de sangre. ¡Estaba aterrorizado! No esperaba encontrarme en una situación tan desesperada, completamente desconocida para mí. Mi único recurso fue pedirles a mis amigos de la iglesia que oraran por mi cirugía de emergencia. Mientras conversaba con otros miembros de la iglesia y les pedía sus oraciones, experimenté una sensación de urgencia e incertidumbre sobre el desenlace de mi vida. El miedo y la ansiedad me impidieron contemplar las implicaciones posoperatorias. Ante una situación difícil, recuerdo claramente haber orado con gran intensidad pidiendo el cuidado del Señor, inseguro sobre el resultado. Estaba decidido a no morir en Hawái y, en cambio, deseaba regresar a Los Ángeles para reunirme con mis amigos y familiares.

Mientras me preparaban para el quirófano, una de las dos enfermeras que me acompañaban me preguntó si necesitaba algo antes de proceder. Pedí oraciones. Afortunadamente, ambas eran cristianas y oraron por mí de inmediato. Esas oraciones me reconfortaron y me aseguraron que no estaba sola y que Dios había enviado a sus ángeles para acompañarme. ¡Qué bendición! Una vez más, Dios me reafirmó que nunca me dejaría ni me abandonaría. Durante mi estancia en el Hotel Mauna Kea Beach, experimenté un increíble acto de bondad que jamás olvidaré. El gerente general del hotel contactó personalmente al hospital para asegurarse de que recibiera la atención que necesitaba. Ese nivel de preocupación y hospitalidad fue realmente conmovedor.

No solo el personal del hotel fue atento, sino que el hospital también se esforzó al máximo para asegurarme de que estuviera cómoda durante mi estancia. Su amabilidad y compasión convirtieron lo que podría haber sido una situación estresante en una en la que me sentí cuidada y apoyada. Fue un gran recordatorio de la bondad de las personas y de cómo los pequeños actos de bondad pueden marcar la diferencia. La operación duró varias horas, y aunque sentí náuseas al despertar, agradecí haber superado el procedimiento. Agradecí estar viva, a pesar de la cantidad de sangre que perdí y de la extensa incisión en mi abdomen.

El cirujano me informó que tuvo que extirparme el ovario derecho debido a la rotura de un quiste. Con razón tenía tanto dolor. Curiosamente, el sangrado espontáneo es una complicación reconocida del uso de Coumadin. Tras una pérdida considerable de sangre, necesité múltiples transfusiones para restablecer mi circulación normal. La idea de que sangre externa fluyera por mis venas me inquietaba. Aunque agradecía la sangre donada, no podía evitar reflexionar sobre la identidad del donante y esperar que tuviera buena reputación.

Mi cirujano me indicó que permaneciera en la isla unos días después de la cirugía antes de regresar a Los Ángeles. Mi incisión, de casi 10 centímetros, presentaba riesgo de reventar en pleno vuelo debido a la presión del aire y a la posible coagulación sanguínea. Afortunadamente, me autorizaron a salir de la Isla Grande una semana después de la cirugía, pero tuve que tomar precauciones adicionales para evitar complicaciones.

Me pidieron que me inyectara Lovenox (enoxaparina) en el estómago, un procedimiento que me daba miedo por su dolor y la posibilidad de causar hematomas graves en la zona abdominal. Lovenox es un anticoagulante que ayuda a prevenir la formación de coágulos sanguíneos. Como usuaria de una válvula cardíaca mecánica, conocía Lovenox, que se receta habitualmente después del procedimiento y se administra dos veces al día hasta que mi nivel de INR (Índice Internacional Normalizado) volvió a la normalidad. Tras la normalización, pude retomar mi rutina habitual de Coumadin. Al principio, me preocupaba inyectarme Lovenox, por temor a dañar los nervios y a que me produjeran hematomas excesivos. Sin embargo, a medida que me fui acostumbrando, me sentí cada vez más cómoda.

Agradezco el apoyo de mi empleador, el personal de la aerolínea y los empleados del aeropuerto, quienes me permitieron llegar a casa sana y salva. Gracias a su ayuda y a la gracia de Dios, tuve un viaje de regreso tranquilo y tengo la suerte de estar viva y bien. Como me recomendó mi cirujano, programé una cita con mi ginecólogo lo antes posible a mi llegada para asegurarme de que me examinaran a fondo las incisiones y abordaran cualquier problema posoperatorio que pudiera surgir. Mi ginecólogo expresó su preocupación al enterarse del incidente y me recordó su insistencia previa en que me colocaran un DIU debido a mi sangrado menstrual excesivo por el uso de Coumadin. Señaló que los períodos abundantes están relacionados con los quistes ováricos, que pueden provocar hemorragias internas, como lamentablemente ocurrió en mi caso.

Había dudado en usar un DIU porque no estaba casada y no tenía experiencia previa con anticonceptivos. Sin embargo, mi ginecólogo me explicó que los DIU tienen un doble beneficio: ofrecen anticonceptivos y alivian el sangrado menstrual abundante. Tras realizarme pruebas exhaustivas, una biopsia y un procedimiento adicional, di mi consentimiento para la inserción del DIU.

Desconocía el grave impacto del uso de Coumadin en mi bienestar general. Si me hubieran informado, probablemente habría elegido una válvula biológica en lugar de un dispositivo mecánico. Sin embargo, la perspectiva de someterme a una cirugía a corazón abierto cada ocho o diez años es abrumadora. En mi caso, el DIU Mirena ha demostrado ser una solución muy eficaz. Han pasado aproximadamente cinco años y no he experimentado ningún sangrado abdominal durante este período.

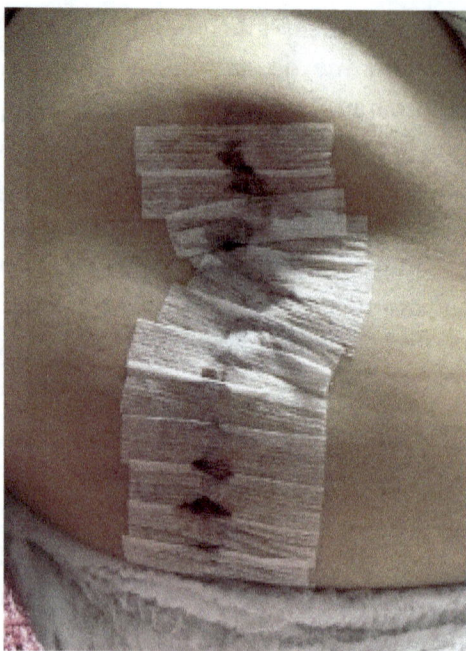

Capítulo 9
Pérdida en tiempos de COVID-19

Había pasado un año, y tuve la fortuna de volver a visitar la Isla Grande en diciembre de 2019 para disfrutar plenamente de un momento de tranquilidad y paz. En ese momento, la COVID-19 había surgido en Wuhan, China, y era inimaginable que se propagara globalmente en cuestión de semanas. La pandemia de coronavirus azotó Estados Unidos a principios de 2020, desatando un estado de pánico al registrarse las primeras muertes en febrero, lo que llevó a la declaración de emergencia nacional por parte del presidente.

Tras regresar de mis vacaciones en Hawái, enfermé gravemente, probablemente debido al contacto con niños que se enfermaron después de la reanudación de clases en enero, y no al viaje en sí. Interactué estrechamente con varios niños después de la escuela, incluyendo uno que estaba gravemente enfermo. Presenté síntomas gripales graves, que me llevaron una semana entera a recuperarme, y sufrí una tos persistente durante más de dos semanas. Aunque no se disponía de pruebas de COVID-19, di positivo para el virus de la gripe y mi enfermedad no se registró como COVID-19. Tuve la suerte de evitar la hospitalización y me recuperé por completo tras tomar medicamentos de venta libre y posteriormente antibióticos que me recetaron para tratar mi tos persistente, que duró más de dos semanas.

Muchas personas que conozco temían la pandemia, lo que provocó compras de pánico y una mayor inquietud por quienes las rodeaban. Se enojaban con otros en la calle al ver a alguien sin mascarilla. Se encargaban de vigilar a los demás y eran descorteses. A mediados de abril, todos los estados y territorios declararon la situación de desastre debido al creciente número de casos. Debido al miedo generalizado al coronavirus, las personas se vieron obligadas a quedarse en casa y se prohibió a los niños salir al exterior, lo que provocó un confinamiento nacional. Incluso los lugares de culto se vieron obligados a cerrar, una situación verdaderamente trágica.

A pesar de trabajar constantemente durante la cuarentena, fui una de las personas afortunadas que no contrajeron el virus antes de que la vacuna estuviera disponible. Quizás contraje COVID-19 en enero de 2020, y como las pruebas no estaban disponibles en ese momento, probablemente había desarrollado anticuerpos. Una mañana, mi camino al trabajo fue particularmente impactante, ya que las autopistas estaban despejadas, creando una escena inquietante, pero fascinante, que me hizo sentir como si fuera la única persona que quedaba en el planeta.

Cuando la vacuna contra la COVID-19 estuvo disponible en 2021, mi cardiólogo, el Dr. Schwarz, me recomendó vacunarme sin demora debido a mis afecciones médicas subyacentes. Los estudios demostraron la alta eficacia de la vacuna para prevenir la enfermedad grave, la hospitalización y la muerte. Los hallazgos de los CDC revelaron que las personas no vacunadas tenían entre 5 y 30 veces más probabilidades de contraer la infección o ser hospitalizadas que las que estaban completamente vacunadas. [3]

Tras un largo período de deliberación sobre la vacunación, finalmente opté por vacunarme, principalmente debido a mi trabajo con bebés, ya que las posibles consecuencias de transmitir la COVID-19 a un bebé eran insoportables. Tras recibir la primera dosis de la vacuna, no presenté síntomas, así que seis meses después me administré la segunda dosis, según lo recomendado por los expertos médicos. Sin embargo, dos semanas después de la segunda dosis, me diagnosticaron parálisis de Bell, un efecto secundario conocido de la vacuna contra la COVID-19.

Según PubMed Central:

La parálisis de Bell es una de las complicaciones más preocupantes de la vacuna contra la COVID-19, que ha afectado la aceptación de la vacuna entre la población general. Estas vacunas se introdujeron para proporcionar inmunidad contra el coronavirus SARS-CoV-2 y han demostrado ser bastante eficaces. Poco sabíamos que la parálisis de Bell podría ser una de sus complicaciones graves.

pueda abordarse y manejarse adecuadamente. Además, servirá de base para futuras investigaciones sobre la administración de la vacuna contra la COVID-19.

Según Mayo Clinic:

La parálisis de Bell es una afección que causa debilidad repentina en los músculos de un lado de la cara. A menudo, la debilidad es temporal y mejora en cuestión de semanas. La debilidad hace que la mitad de la cara parezca caída. Las sonrisas son unilaterales y el ojo del lado afectado resulta difícil de cerrar.

La parálisis de Bell también se conoce como parálisis facial periférica aguda de causa desconocida. Puede presentarse a cualquier edad. Se desconoce su causa exacta. Los expertos creen que se debe a la inflamación e irritación del nervio que controla los músculos de un lado de la cara. La parálisis de Bell podría deberse a una reacción posterior a una infección viral.

Los síntomas suelen empezar a mejorar en pocas semanas, con una recuperación completa en unos seis meses. Un pequeño número de personas continúa presentando algunos síntomas de parálisis de Bell de por vida. En raras ocasiones, la parálisis de Bell se presenta más de una vez ·

Tuve síntomas leves, probablemente porque acudí a urgencias del Cedars-Sinai y recibí atención médica oportuna, que incluyó una resonancia magnética, esteroides orales, protección ocular y antivirales para aliviar el dolor. Mi parálisis facial era bastante notoria, y mis ojos estaban extremadamente sensibles a la luz y muy secos, lo que me impedía usar lentes de contacto. Me alivia que la parálisis facial pasara prácticamente desapercibida debido al uso generalizado de mascarillas durante la pandemia de COVID. Sin embargo, experimentaba ansiedad cada vez que me veía en el espejo, ya que la discapacidad había afectado mi capacidad para sonreír. Mi rostro tardó al menos seis meses en recuperar la normalidad.

Tras recuperarme de la parálisis de Bell, contraje COVID-19. Por suerte, mis síntomas fueron relativamente leves en comparación con los de muchas otras personas. Agradezco no haber tenido que ser hospitalizado y, como vivo solo, no me preocupaba contagiar el virus. Pude usar servicios de entrega de comestibles, así que nunca tuve que salir de mi apartamento. Mis síntomas incluyeron fiebre que persistió durante aproximadamente veinticuatro horas, acompañada de dolores corporales y tos seca que persistió durante casi dos semanas.

La COVID-19 me causó un profundo dolor al perder a un primo y a mi querido tío, Lolong, a causa del virus. Mi primo era muy joven, se lo llevaron demasiado pronto, y mi tío era alguien con quien ansiaba pasar tiempo al regresar a mi país. Darme cuenta de que ya no está deja un vacío en mi corazón que no se puede expresar con palabras. Perderlos fue devastador no solo para mí, sino para toda la familia. El dolor aún persiste, especialmente cuando pienso en lo que podría haber sido: conversaciones sin hablar y recuerdos que nunca pudimos crear. Su ausencia es profunda, pero me aferro al amor y los recuerdos que compartimos, atesorándolos en mi corazón para siempre.

Doy gracias al Señor Jesús por ser mi roca, permitiéndome superar los obstáculos. Agradezco profundamente a mis amigos de la iglesia y a mis guerreros de oración, quienes han sido una fuente constante de apoyo y aliento. Su disposición a brindar ayuda y oraciones ha sido extraordinaria, y juntos, nuestra fe se ha fortalecido.

El Señor es mi fuerza y mi escudo;

Mi corazón confía en Él,

Y fui ayudado;

Por eso mi corazón se regocija,

Y con mi cántico le daré gracias. Salmo 28:7 (NVI)

Cada prueba se transforma en una oportunidad de oro para profundizar nuestra fe, magistralmente diseñada para fortalecer y expandir nuestra confianza en nuestro Señor Jesús. Aunque a veces tropiece, sobre todo ante la adversidad, sigo firme en mi creencia de que la mano de Dios está siempre sobre mí, pase lo que pase en la vida. Él es mi fortaleza inquebrantable, mi consuelo inagotable y mi escudo impenetrable.

Salmo 103
Alabanza por las misericordias del Señor

Un salmo de David

(NVI 1995)

[1] *Bendice, alma mía, a Jehová, Y bendiga todo mi ser su santo nombre.* [2] *Bendice, alma mía, a Jehová, Y no olvides ninguno de sus beneficios.* [3] *El es el que perdona todas tus iniquidades, El que sana todas tus dolencias;* [4] *El que rescata del hoyo tu vida, El que te corona de favores y misericordias;* [5] *El que sacia de bien tus años, De modo que te rejuvenezcas como el águila.*

[6] *El Señor hace justicia y juicios a todos los oprimidos.* [7] *Dio a conocer sus caminos a Moisés, Sus obras para con los hijos de Israel.* [8] *El Señor es compasivo y clemente, lento para la ira y rico en misericordia.* [9] *No contenderá siempre con nosotros, ni guardará para siempre su enojo.* [10] *No nos ha tratado conforme a nuestros pecados, ni nos ha pagado conforme a nuestras iniquidades.* [11] *Porque tan alto como los cielos sobre la tierra,* 12 *Tan grande es su misericordia para con los que le temen.* [13] *Tan lejos como está el oriente del occidente, hizo alejar de nosotros nuestras rebeliones.* [14] *Como un padre se compadece de sus hijos, se compadece el SEÑOR de los que le temen.* [15] *Porque él conoce nuestra condición; se acuerda de que somos polvo.*

[15] *El hombre, como la hierba, florece como la flor del campo.* [16] *Cuando el viento pasa por él, ya no existe, ni su lugar lo reconoce.* [17] *Pero la misericordia del Señor es eterna y eterna para los que le temen, y su justicia para los hijos de los hijos,* [18] *para los que guardan su pacto y recuerdan sus preceptos para ponerlos por obra.*

[19] *El Señor ha establecido su trono en los cielos, Y su soberanía gobierna sobre todo.* [20] *Bendigan al SEÑOR, ustedes*

sus ángeles, poderosos en fuerza, que ejecutan su palabra, obedeciendo la voz de su palabra. ²¹ *Bendigan al SEÑOR, todos sus ejércitos, los que le sirven, haciendo su voluntad.* ²² *Bendigan al SEÑOR, todas sus obras, en todos los lugares de su dominio; ¡bendice, alma mía, al SEÑOR!*

¡Qué salmo majestuoso del rey David! Dios perdona nuestros pecados, sin importar cuán grandes sean. Dios es mi Sanador supremo, mi esperanza en tiempos de calamidad, me rodea con su amor inquebrantable y renueva mis fuerzas como un águila. Él es lento para la ira, abundante en amor, extiende gracia en lugar del castigo que merezco, perdona mis pecados tan lejos como está el oriente del occidente.

Señor, me has dado tanta gracia y misericordia. Tu justicia es eterna, el cielo es tu trono, la tierra es el estrado de tus pies, y reinas sobre todo. Gracias, Abba Padre, por ser tan bueno conmigo a pesar de mí.

Tengo el privilegio de adorar a un Dios extraordinario que ejemplifica la potencia y el amor infinito. ¡El Rey de reyes y el Señor de todo!

Capítulo 10
La fe me ayudó a superarlo

Tras la disminución de la COVID-19, la vida volvió a la normalidad. La gente empezó a salir, los restaurantes reabrieron, las mascarillas desaparecieron y los negocios reanudaron sus operaciones. La experiencia de vivir la pandemia de COVID-19 me ha brindado una valiosa perspectiva sobre la importancia de ser productivo y resiliente en tiempos de incertidumbre. Si bien las circunstancias externas pueden cambiar de la noche a la mañana, la naturaleza de Dios permanece inalterada. Él es el mismo ayer, hoy y siempre. En lugar de desanimarnos por los desafíos que enfrentamos, debemos entregarlos por completo al Señor. Gracias a esta experiencia, he crecido en mi fe y confianza en Él, reconociendo que Él es soberano sobre todas las cosas en el cielo y en la tierra.

Mi salud mejoraba sin complicaciones relacionadas con hemorragias ni problemas cardíacos. Había retomado mi rutina habitual con éxito y comencé a viajar con amigos y, a veces, de forma independiente. Tuve la fortuna de experimentar un cambio radical en mi vida, y mis problemas de salud anteriores quedaron en el olvido. Afortunadamente, mi proceso de sanación ha sido completamente rutinario y estoy agradecido por una comunidad que apoya mis esfuerzos. Asumí un papel más activo en mi iglesia, participando en actividades grupales y uniéndome a los grupos de estudio en casa. Ser un miembro comprometido de la comunidad es un privilegio y una bendición, lo que ha resultado en amistades duraderas y un sentido de pertenencia. He cultivado vínculos significativos con mi comunidad y estoy comprometido con ella como parte fundamental del cuerpo de Cristo.

Cada día, milagros ocurren a nuestro alrededor, incluso si no los reconocemos. Su aparente invisibilidad no refuta su realidad. Dios, el Arquitecto de milagros, obra de maneras misteriosas que trascienden nuestra comprensión, deseos, confianza y devoción. Experimentar numerosos problemas de salud no me ha llevado a sentirme abandonado, sino que ha fortalecido mi resiliencia y profundizado mi fe en Jesucristo. Confío en que Él está presente conmigo en mis luchas, guiándome hacia la sanación y la recuperación.

A lo largo de la vida, enfrentamos numerosas pruebas y desafíos que requieren nuestra determinación y fortaleza. Como bien lo expresa mi pastor, Steve Wilburn, nuestra vida terrenal se caracteriza tanto por la alegría como por el sufrimiento, mientras que en el cielo, el sufrimiento y el dolor desaparecen.

Habían pasado dos años desde mi última experiencia con problemas de salud, y creía que gozaba de buena salud y que no tenía síntomas. Sin embargo, en junio de 2024, sufrí un fuerte dolor de cabeza, que al principio pensé que era un dolor de cabeza común y corriente.

Esa mañana, me desperté desorientada y me costaba recordar mis horarios, pero sabía que tenía que ver a Josephine, así que la llamé para confirmar la cita. A pesar del dolor de cabeza, fui al trabajo de mi prima a recogerla. Mientras esperaba en el coche, el dolor de cabeza se intensificó, así que cuando llegó, le pedí que llamara a mi amiga Evelyn, enfermera titulada, para que nos acompañara a urgencias de Kaiser Permanente para que nos revisaran. Por suerte, Evelyn estaba disponible para apoyarnos y llegó rápido.

Al llegar al hospital, recuerdo que la sala de urgencias estaba abarrotada de pacientes, lo que llevó a Josephine y Evelyn a llevarme a urgencias, que compartían las mismas instalaciones. Recuerdo perfectamente cómo me llevaron en silla de ruedas, y a partir de ese momento, mi recuerdo de los hechos se volvió confuso.

Al recobrar el conocimiento, el médico me informó que me habían sometido a procedimientos médicos importantes y me recomendó reposo. Recuerdo claramente que me reveló que me habían rapado la cabeza, lo cual confirmé mediante exploración táctil, revelando mi calvicie. Además, me explicó que me habían sometido a una neurocirugía y enfatizó la importancia de evitar acostarme sobre el lado derecho de la cabeza, ya que me habían extirpado una parte del cráneo. Me invadió la devastación, el dolor y la desesperación absoluta al darme cuenta de lo sucedido. Aunque estaba alerta, la ansiedad y el terror me invadieron intensamente; el miedo me consumía.

En mi confusión inicial, pensé que había fallecido, pero pronto me di cuenta de que probablemente era un sueño. Recuerdo vívidamente mi encuentro con lo desconocido durante la cirugía. Estaba en una fría mesa de acero inoxidable, con frío, y había siluetas a mi alrededor, pero no podía ver sus rostros debido a la oscuridad, que hacía parecer que llevaban máscaras. Algunos parecían secuaces, mientras que otros parecían altos.

Uno de ellos dijo: "Ya terminaste", y yo respondí: "No, no lo estoy". Respondieron: "¡Estás solo! ¡Ya terminaste!". Respondí: "Dios prometió que nunca me dejaría ni me abandonaría". Sentí que intentaban intimidarme. Permanecí en paz y parecía tener la capacidad de leerles la mente. Se miraron confundidos, aparentemente desconcertados por mi valentía. Algunos intentaron contenerme, declarando repetidamente: "¡Ya terminaste!".

Recuerdo claramente haber afirmado: "¡En el nombre de Jesús, no tienes autoridad sobre mi vida! ¡No tienes poder sobre mi vida! ¡Estoy protegido por la sangre de Jesús!". Poco después, me di cuenta de que estaba expulsando fuerzas del mal. Tras pronunciar el nombre de Jesús, todas desaparecieron, y probablemente desperté de la neurocirugía en ese momento. El recuerdo fue tan vívido que recuerdo cada detalle.

Mientras intentaba recordar los eventos previos a mi visita a urgencias, mi prima y amiga me informaron que había perdido el conocimiento en el camino y me ingresaron de inmediato para una tomografía cerebral. Los resultados revelaron una hemorragia cerebral que requería atención quirúrgica urgente.

Lamentablemente, el hospital carecía de capacidad neuroquirúrgica, por lo que fue necesario un traslado en ambulancia a otro centro. De camino a otra sucursal de Kaiser Permanente para mi neurocirugía, Josephine y Evelyn estaban preocupadas por mi estado, sin saber si sobreviviría.

Evelyn comprendió la situación por completo y llamó a sus amigos para pedirles oraciones, pues reconoció mi urgente necesidad de apoyo espiritual. Considero a Evelyn una de mis amigas más confiables, siempre dispuesta a brindarme apoyo, especialmente cuando más lo necesitaba. Somos amigas desde hace más de treinta años, tras conocernos en Moscú, Rusia, en una pequeña reunión de amigos. Nuestra amistad se ha profundizado significativamente con los años, con numerosas experiencias compartidas y exploraciones de diferentes lugares de Rusia, entre otras aventuras. Aprecio mucho el tiempo que pasamos juntas en la antigua URSS.

A lo largo de mi camino hacia la salud desde 2016, Evelyn ha sido una compañera fiel, brindándome un apoyo incondicional, al igual que mis primos Pye y Josephine. Después de su turno de noche en el trabajo, tomó la iniciativa de visitarme en el hospital y me trajo comida reconfortante preparada por su amado esposo, Lito. El fuerte vínculo que hemos desarrollado a lo largo de los años es testimonio de nuestro profundo cariño mutuo.

Pye, mi principal contacto en caso de emergencia, se mantuvo en comunicación constante con mi cirujana durante la cirugía. Aunque trabajaba mientras me sometía al procedimiento, la cirujana la mantuvo informada de cada paso, lo que le causó cierta ansiedad debido a su familiaridad con el caso. Por ello, contactó a mis hermanos para estar preparada en caso de que surgieran complicaciones.

A la mañana siguiente, Pye me visitó en el hospital para evaluar mi estado posoperatorio. Le preocupaban mis posibles limitaciones y se preguntaba si la reconocería y qué déficits podría experimentar después de mi terrible experiencia. Me realizó un examen neurológico para evaluar si tenía alguna restricción en mi cerebro y función física. Milagrosamente, experimenté una recuperación sorprendentemente rápida, recuperando la capacidad de caminar, hablar y comer de forma independiente en doce horas. Mi prima se sorprendió de mi rápida evolución y sintió un inmenso alivio, tras haber estado ansiosa por la intervención la noche anterior.

Reconocí la necesidad de orar abundantemente y de inmediato me comuniqué con mis amigos de la iglesia, pastores y familiares. Durante la cirugía, mi prima le contó a Mahleen, una querida amiga de la iglesia, sobre mi condición y le pidió que orara por mí. Mahleen luego contactó a otros amigos de la iglesia y a uno de nuestros pastores para pedir más oraciones por mí.

Mis amigos, como ángeles guardianes, me rodearon de amor y oraciones durante mi cirugía. Su apoyo incondicional y su fe en mi recuperación me levantaron el ánimo y me dieron fuerza en mis momentos más vulnerables. Cada oración fue como un cálido abrazo, asegurándome que no estaba solo en mi camino. Sus amables palabras y gestos considerados quizá no estuvieron a mi lado en el quirófano, pero sus oraciones resonaron profundamente en mi corazón, guiándome hacia la esperanza y la sanación.

Al día siguiente de mi cirugía, llamé a algunos de ellos para contarles la noticia, sin saber que Mahleen los había contactado previamente. Se asombraron al encontrarme conversando con naturalidad, como si nada hubiera pasado. Aunque me sometí a una importante cirugía cerebral, la divinidad lo domina todo. Al reflexionar sobre mi vida, puedo discernir el ADN de Dios a mi alrededor. Los innegables milagros y mi exitosa recuperación de una larga y difícil cirugía cerebral son una profunda bendición que reflexionar. Puede que no haya comprendido completamente los acontecimientos, pero alabo al Señor por tener el control de mi vida.

No temas, porque yo estoy contigo; no desmayes, porque yo soy tu Dios. Te fortaleceré, sí, te ayudaré, te sostendré con la diestra de mi justicia . Isaías 41:10 (RVR1960)

Este versículo ha sido mi roca desde que me convertí en creyente. Es un poderoso recordatorio del amor infinito de Dios por nosotros y su compromiso inquebrantable de ayudarnos a superar los altibajos de la vida. ¡Qué maravilloso es saber que tenemos un Padre amoroso que nos ama más de lo que las palabras pueden expresar, a pesar de nuestras imperfecciones! A veces me avergüenzo de mis defectos, pero mi Abba aún me abraza con amor incondicional.

Me vino a la mente la canción "Yo soy el Dios que te sana", de Don Moen, reconocido líder de alabanza, artista y compositor. Me brindó un gran consuelo y paz, recordándome que Él es mi Dios y mi Sanador. Es una canción profunda, reconfortante y llena de fe, basada en Éxodo 15:26, donde Dios se declara Jehová-Rapha, el Señor que sana. Mi amiga Flora y yo hemos cantado esta canción de alabanza en numerosas ocasiones antes de nuestro tiempo de oración. A veces, incluso la cantamos espontáneamente para glorificar al Señor en cualquier momento. Esta canción es un tierno recordatorio de que Dios no está lejos de nuestro dolor. Él está cerca, presente y dispuesto a sanar.

A pesar de la difícil experiencia, lidié con un dolor considerable, que mi médico alivió con morfina intravenosa. Durante mi recuperación, hubo momentos en que el dolor se volvió insoportable. La morfina se convirtió en mi salvavidas, brindándome el alivio que necesitaba para soportar esos días difíciles. Recuerdo haberla llamado en broma mi "nueva mejor amiga", ya que me permitía descansar y recuperar fuerzas. Pero incluso en esos momentos, supe que la verdadera sanación no era solo física, sino espiritual.

La recuperación no fue fácil. El dolor y los desafíos vinieron, pero también la gracia de Dios. Me encontré apoyándome en Él más que nunca, confiando en su plan y en su tiempo. Cada pequeña victoria, cada momento de sanación, fue un recordatorio de su bondad. Soy prueba viviente de su misericordia y amor. Este camino me ha recordado que incluso en nuestros momentos más débiles, Él es nuestra mayor fortaleza.

Todo lo puedo en Cristo que me fortalece. Filipenses 4:13 (NVI)

Este versículo enfatiza la importancia de confiar en la fuerza de Dios en tiempos de adversidad. Mi corazón rebosa de alabanza para quien me ayudó a atravesar el valle y a llegar a la luz.

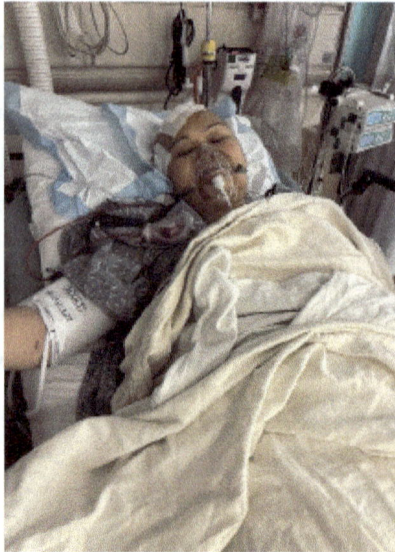

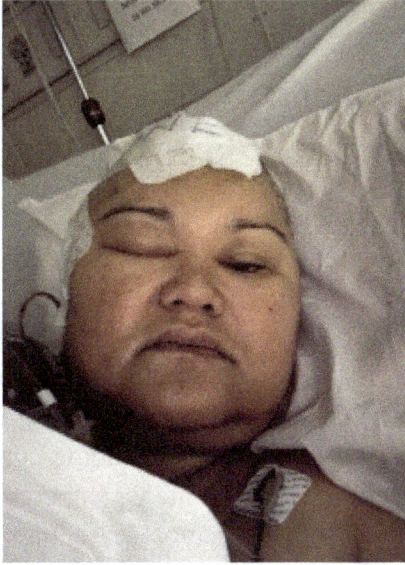

Capítulo 11
Recuperación en la Unidad de Cuidados Intensivos Neurológicos

Durante mi estancia en la UCI neurológica, tuve que asistir a sesiones de fisioterapia y terapia ocupacional para asegurarme de que mi recuperación fuera por buen camino. Al principio fue un reto, pero sabía que era necesario para recuperar mi fuerza e independencia. Cada sesión me recordaba todo lo que mi cuerpo había sufrido, pero también lo resiliente que era. Los terapeutas fueron pacientes y alentadores, guiándome con ejercicios para ayudarme a moverme, equilibrarme y recuperar la coordinación. Incluso los pequeños movimientos se sentían como victorias. Estas sesiones no se trataban solo de sanación física; se trataban de aprender a confiar de nuevo en mi cuerpo.

Mirando hacia atrás, estoy agradecida por ese tiempo. Fue difícil, pero me mostró lo fuerte que soy y cómo Dios estuvo conmigo en cada paso. Estoy especialmente agradecida por mis amigas, Pinky y Anna, terapeutas ocupacionales. Las conozco desde hace casi veinticinco años y, con el tiempo, hemos forjado una fuerte amistad. Cuando me visitaron en el hospital, fue más que una simple visita amistosa; usaron su experiencia para enseñarme técnicas para prevenir calambres en las piernas y coágulos de sangre mientras aún estaba en cama.

Su amabilidad y conocimiento me brindaron consuelo y seguridad en un momento difícil. Su visita significó mucho para mí, recordándome que incluso en momentos difíciles, Dios pone a las personas adecuadas en mi vida para apoyarme y animarme. Estoy verdaderamente agradecido por su amistad, que ha perdurado a través de los años y sigue siendo una bendición en mi vida.

¿Qué es una craneotomía?

Según la Clínica Cleveland:

Una craneotomía es un tipo de <u>cirugía cerebral mayor</u> en la que el cirujano extirpa parte del cráneo para acceder al <u>cerebro</u>. El cirujano no reemplaza el cráneo durante este procedimiento. Un procedimiento de seguimiento llamado craneoplastia reemplaza la parte removida de su cráneo en otro momento.

Después de una craneotomía, lo trasladarán a una unidad de cuidados intensivos. Su equipo médico monitoreará sus signos vitales y cualquier sangrado o inflamación en el cerebro. Dado que el cirujano no reemplazará la parte del cráneo que le extirparon durante la cirugía, deberá usar un casco para proteger el cerebro de lesiones ·

El casco me causaba incomodidad y me dificultaba la visión lateral. Aunque era necesario, limitaba mi movilidad. Como estaba tomando morfina, necesité ayuda del equipo médico para levantarme. Después de la cirugía, pasé casi tres semanas en la unidad de cuidados intensivos para una monitorización estrecha y una recuperación adecuada. Algunos días, la angustia emocional y el dolor intenso me tentaban a rendirme, pero con el paso de los días, cambié mi enfoque hacia mi bienestar general y mi fe.

Algunos días, me sentía completamente fracturado, como cristales rotos esparcidos por todas partes, impidiendo recomponer las piezas. En esos momentos de desesperación, recurría al Señor en busca de consuelo, hablando con Él y pidiendo su divina intervención. La idea de perder una parte del cráneo me aterraba. Me sentí afortunado de contar con un equipo atento y comprensivo, donde todos demostraron calidez y profesionalismo. El Dr. Rudi Scharnweber, un cirujano excepcional, me brindó un apoyo inmenso durante todo mi tratamiento. Se aseguró de que recibiera la mejor atención posible, supervisó de cerca mi recuperación y revisó mi estado con regularidad.

Tuve el privilegio de formar parte de la familia de la Iglesia Core, y nuestro pastor principal, Steve Wilburn, compartió mi situación con la congregación durante los tres servicios dominicales. Solicitó oraciones por mi recuperación, y toda la congregación respondió. Mi grupo de estudio bíblico en casa — dirigido por el pastor Kevin Ferreri y su esposa, Caroline— y otros grupos de estudio bíblico oraron constantemente por mí. El pastor Kevin y Caroline me visitaron varias veces en el hospital, orando por mi sanación y recuperación.

¡El poder transformador de la oración es evidente! Agradecí a mis amigos que compartieron conmigo lecturas bíblicas y oraciones, tanto a distancia como durante las visitas al hospital. Mi amiga Michelle me visitó en el hospital en varias ocasiones, y aproveché la oportunidad para pedirle que leyera el libro de los Salmos, pues me reconfortaba oírlo en voz alta. Por la noche, Michelle me llamaba para que pudiéramos continuar con su lectura de los salmos. He tenido la suerte de contar con un apoyo extraordinario. Mis pastores y sus cónyuges, hermanos y hermanas en Cristo, familiares y amigos me rodearon de amor y guía espiritual durante mi estancia en el hospital, orando por mi recuperación y mi sanación.

Esta experiencia ha profundizado mi comprensión del cuerpo de Cristo y ha reforzado mi creencia en la intervención divina. Como creyente, el concepto de la muerte no me atemoriza. Estar ausente en el cuerpo es estar presente en el Señor.

Pero nosotros somos confiados y preferimos estar ausentes del cuerpo y habitar con el Señor . 2 Corintios 5:8 (NVI)

Estoy preparado, entusiasmado y siempre estaré listo cuando llegue el momento señalado por Dios. El Señor tiene la última palabra, siendo el Autor de mi vida, y confío en su voluntad. Me imagino en el cielo, deseoso de sentarme a los pies de Jesús, escuchándolo como lo hicieron María, la hermana de Marta, y Lázaro, a quien Jesús amaba. La perspectiva de conocer a todos los salvados por el Señor Jesús me emociona, y pienso en la alegría de conocer a mis personajes bíblicos favoritos.

Me imagino compartiendo una comida con el rey David y preguntándole sobre sus apasionadas oraciones en el libro de los Salmos. La posibilidad de encontrarme con mis figuras bíblicas más admiradas —como Rut, Noemí, la reina Ester, Adán, Eva, Noé, José, Abraham, los profetas Elías, Daniel, los profetas menores, el apóstol Pablo, los once discípulos, las mujeres del Nuevo Testamento, y la lista continúa— es realmente emocionante.

Como creyente, creo que es esencial familiarizarse con sus historias, las cuales han sido grabadas para nuestro beneficio. Este conocimiento nos permitirá entablar conversaciones significativas con ellos en el más allá, donde tendremos el lujo de tener tiempo para conectar con todos. De hecho, estos encuentros serán verdaderamente extraordinarios y perdurables.

Y les digo que vendrán muchos del oriente y del occidente, y se sentarán con Abraham, Isaac y Jacob en el reino de los cielos . Mateo 8:11 (RVR1960)

El reino celestial nos pondrá cara a cara con quienes nos precedieron. ¡Imagina la dicha! Los salvos tendrán el privilegio de unirse al banquete divino con quienes nos precedieron. Imagina recostarte en la mesa del banquete celestial con Jesús, disfrutando de la serena belleza del reino de Dios por toda la eternidad.

Mi tiempo en la unidad de cuidados intensivos fue una experiencia humilde. El apoyo del equipo de atención fue excepcional, lo que hizo que mi estancia fuera muy cómoda. Amigos y familiares me visitaban con regularidad, trayendo comida e incluso cajas de bombones para el equipo. Observé que la planta de cuidados intensivos neurológicos presentaba dificultades no solo para mí, sino también para otros pacientes con síntomas leves. Los sonidos que provenían de varias habitaciones eran perceptibles, incluyendo gemidos, llamadas de auxilio y, ocasionalmente, groserías.

Aunque no pude visitar físicamente a otros pacientes debido a mis propias limitaciones de movilidad, ofrecí oraciones desde mi cama. Esta experiencia me hizo comprender que, en tales situaciones, las personas a menudo sienten impotencia y se sienten abrumadas por el dolor y el aislamiento. Contar con el apoyo moral de familiares y amigos es crucial. Tuve la suerte de contar con una comunidad que me apoyó durante todo mi proceso. Sin embargo, algunos pacientes carecen de un sistema de apoyo, lo que puede resultarles aislado.

Cuando mis amigas, Vicki y Melanie, me visitaron y me tomaron de la mano, me reconfortó. A veces, la presencia y el tacto de una amiga pueden ser increíblemente reconfortantes y ayudar a mejorar la perspectiva en situaciones difíciles. Cuando mis amigas, Mahleen y Wowie, me visitaron, me hicieron una evaluación de memoria. Mahleen me ayudó a comer mientras Wowie me hacía preguntas de trivia bíblica para evaluar mi precisión. Demostré una memoria excepcional, respondiendo correctamente a la mayoría de las preguntas tan solo tres días después de la cirugía.

Agradezco profundamente el apoyo y el amor incondicionales de mi familia y amigos, lo cual me permite ver el mundo a través de la bondad, la compasión y la acción. He descubierto el papel vital que desempeñan las conexiones humanas en la vida de quienes han experimentado traumas, incluido el mío. Me motiva brindar consuelo, oraciones y ánimo a quienes lo necesitan.

El ministerio hospitalario es una pasión que quiero perseguir cuando recupere mi bienestar físico y emocional. Durante mi estancia, conocí a un capellán compasivo que ofreció oraciones y ánimo a los pacientes. Mostré interés en participar en este ministerio y le pregunté cómo hacerlo. El capellán me recomendó que priorizara mi recuperación y, cuando fuera posible, consultara con mi párroco sobre los requisitos del ministerio.

SALMO 139
EL CONOCIMIENTO PERFECTO QUE DIOS TIENE DEL HOMBRE

(NVI)

^{1} *Oh Señor, tú me has examinado y conocido.* ^{2} *Tú conoces mi sentarme y mi levantarme; entiendes mis pensamientos desde lejos.* ^{3} *Tú comprendes mi andar y mi acostarme, y todos mis caminos te son familiares.* ^{4} *Porque no hay palabra en mi lengua, Pero he aquí, oh Señor, tú lo sabes todo.* ^{5} *Me has cercado por detrás y por delante, y has puesto sobre mí tu mano.* ^{6} *Tal conocimiento es demasiado maravilloso para mí; es alto, no lo puedo comprender.*

^{7} *¿Adónde me iré de tu Espíritu? ¿Y adónde huiré de tu presencia?* ^{8} *Si subo al cielo, allí estás tú; Si en el Seol hiciese mi lecho, allí estás tú.* ^{9} *Si tomase las alas del alba y morase en el extremo del mar,* ^{10} *aun allí me guiará tu mano, y me asirá tu diestra.* ^{11} *Si dijere: «Ciertamente las tinieblas caerán sobre mí», la noche brillará a mi alrededor;* ^{12} *las tinieblas no te encubrirán, sino que la noche brillará como el día; para ti, lo mismo te son las tinieblas que la luz.*

^{13} *Porque tú formaste mis entrañas. Me hiciste en el vientre de mi madre.* ^{14} *Te alabaré, porque soy una creación admirable. Maravillosas son tus obras, y mi alma lo sabe muy bien.* ^{15} *Mi cuerpo no te fue oculto, Cuando fui formado en secreto, y hábilmente entretejido en lo más profundo de la tierra.* ^{16} *Tus ojos vieron mi ser, aún sin forma. Y en tu libro estaban escritos todos los días que me fueron dados, cuando aún no existía ninguno de ellos.*

^{17} *¡Cuán preciosos son para mí, oh Dios, tus pensamientos! ¡Cuán grande es la suma de ellos!* ^{18} *Si los contara, serían más numerosos que la arena. Al despertar, todavía estoy contigo.*

^{19} *¡Oh, Dios, si mataras a los malvados! ¡Apártense de mí, pues, hombres sanguinarios!* ^{20} *Porque hablan mal de ti. Tus enemigos toman tu nombre en vano.* ^{21} *¿Acaso no los odio, oh Señor, a quienes te odian? ¿Y no aborrezco a quienes se rebelan contra ti?* ^{22} *Los odio con odio absoluto. Los considero mis enemigos.*

^{23} *Examíname, oh Dios, y conoce mi corazón. Pruébame y conoce mis angustias;* ^{24} *y ve si hay en mí camino de perversidad, y guíame en el camino eterno.*

El Salmo 139 nos recuerda intensamente que somos conocidos íntimamente, amados incondicionalmente y creados con un propósito, tal como fuimos creados de manera admirable y maravillosa. Esta expresión del amor divino es la afirmación más profunda e íntima del amor de Dios por la humanidad.

Padre Celestial, te agradezco tu amor inquebrantable. Aunque las circunstancias de mi vida me sean ajenas, reconozco tu presencia constante. En momentos de miedo y aislamiento, tu presencia me reconforta, abrazando mi vulnerabilidad y revelando tu amor y justicia.

Capítulo 12
Un largo camino hacia la recuperación

Al recibir el alta, reconocí la necesidad de un cuidador. Debido a la distancia geográfica con mis hermanos, conseguir un acompañante temporal resultó difícil, y contratar a un cuidador implicaría gastos considerables. Afortunadamente, mis amigos de la iglesia oraron pidiendo guía y provisión divina. Mi querida amiga Flora, una mujer rusa nigeriana que sirve al Señor con pasión y actualmente reside en Boston, Massachusetts, respondió con prontitud a mi solicitud y me brindó una ayuda invaluable.

Flora y yo nos conocimos en una iglesia de Moscú hace más de veinticinco años, donde participábamos en el ministerio de adoración de la Asamblea Cristiana Internacional. Éramos jóvenes y llenos de vida, y disfrutábamos de nuestro caminar con el Señor mientras testificábamos a los rusos en diversos entornos, como calles, metros y autobuses, y repartíamos volantes. Aunque mi dominio del ruso era limitado, pude compartirlo con la gente local. Siento un profundo amor por Rusia, tras haber vivido allí seis inviernos. Ambas disfrutábamos cantando canciones de adoración en la iglesia y en las calles de Moscú.

¿Quién hubiera pensado que después de todos estos años seguiríamos conectados y ayudándonos mutuamente? Es una verdadera bendición tener en nuestras vidas a personas que han estado ahí a lo largo de los años. Todos necesitamos una Flora en nuestra vida, una amiga dispuesta a ayudar cuando esté disponible y dispuesta a viajar por todo el país para ayudarnos en momentos de necesidad.

Flora fue de gran ayuda y una amiga leal, convirtiéndose en mi principal defensora. Desempeñó un papel clave en la organización de mi apartamento para priorizar mi seguridad y me facilitó el contacto con amigos dispuestos a ayudarme con tareas como la entrega de comida y la compra de artículos necesarios para crear un ambiente seguro y acogedor. Mi comunidad de la Iglesia Central me brindó un apoyo excepcional, atendiendo mis necesidades mediante la limpieza, la organización y las reparaciones del apartamento, lo que finalmente creó un espacio vital seguro, cómodo y tranquilo.

La bondad de Dios no tiene límites. Él es mi proveedor constante y siempre ha sido mi fuente de todo. Su misericordia y gracia son nuevas cada mañana y su amor perdura para siempre.

Hubo una época en la que la incertidumbre pesaba sobre mi vida. El peso del desempleo prolongado, sumado a la necesidad de concentrarme en mi recuperación, hacía que cada día se sintiera como una ardua batalla. Al afrontar estos desafíos, me encontré apoyándome no solo en la fe, sino también en la bondad de quienes me rodeaban, algunos de los cuales nunca esperé que me ayudaran.

Todo comenzó con un simple acto de generosidad. Mis antiguos empleadores, al reconocer las dificultades que enfrentaba, se encargaron de organizar una campaña de recaudación de fondos en mi nombre. Al principio, me sentí abrumado. Aceptar ayuda nunca fue fácil para mí, pero al ver llegar las donaciones, cada una una muestra tangible de cariño, me di cuenta de que esto era más que una simple ayuda financiera. Era un salvavidas, un testimonio de la bondad de quienes vieron mi lucha y decidieron marcar la diferencia. Familiares, amigos, antiguos empleadores e incluso sus amigos me brindaron apoyo. Algunos dieron lo que pudieron, otros me ofrecieron palabras de aliento y oraciones.

Cada contribución, sin importar el tamaño, llevaba consigo un mensaje: no estás solo.

Gracias a su generosidad, la carga que antes parecía insoportable comenzó a aliviarse. El estrés de las dificultades económicas ya no eclipsó mi recuperación, lo que me permitió concentrarme en sanar. Más aún, renovó mi fe en el poder de la comunidad, en la idea de que cuando uno tropieza, otros estarán ahí para levantarlo. Al mirar atrás, me siento profundamente honrado por el amor y la bondad que me rodearon durante ese tiempo. Lo que comenzó como una recaudación de fondos se convirtió en algo mucho más grande; se convirtió en un recordatorio de que en los momentos más difíciles, se puede encontrar luz en quienes se preocupan. Siempre estaré agradecido por las manos que me brindaron ayuda, y rezo para que cada uno de ellos reciba bendiciones tan abundantes como la bondad que han demostrado.

Al prepararme para el alta, esperaba con ilusión volver a casa, donde podría retomar mi rutina diaria, incluyendo ducharme y dormir en mi propia cama. La idea de recuperar mi independencia y libertad para realizar las actividades que me habían restringido durante mi estancia hospitalaria fue una bendición. También ansiaba pasar tiempo con Flora, ya que tenía previsto llegar el día del alta.

¡Qué bien se sentía estar en casa y por fin dormir en mi propia cama! Después de casi tres largas semanas en el hospital, la comodidad de mi propia cama era como un sueño. La suavidad de mis almohadas, la calidez familiar de mis mantas y la tranquilidad de mi habitación eran regalos que siempre agradecería. Esas semanas fueron de los momentos más difíciles de mi vida. Cada día traía una mezcla de emociones: miedo, esperanza, frustración y gratitud. Tuve momentos en los que me pregunté si alguna vez volvería a sentirme normal, pero también hubo destellos de luz: palabras amables de las enfermeras, mensajes de mis seres queridos y victorias en mi recuperación.

Pero mientras yacía en mi cama, por fin pude respirar. Fue como si el peso de esas semanas se hubiera aliviado, y recordé lo valioso que es tener un lugar al que llamar hogar. Estar en casa era más que simplemente estar en un espacio familiar; era la esperanza de sanar, la comodidad de la rutina y el comienzo de un nuevo capítulo. Aunque sabía que el viaje no había terminado, por fin estaba donde pertenecía, rodeada de amor y la promesa de días mejores por delante.

Cada día, comenzaba una nueva rutina: caminar por el vecindario como parte de mi recuperación. Era un acto sencillo, pero después de casi tres semanas en el hospital, se sentía monumental. Con mi bastón en la mano y Flora a mi lado, daba cada paso lenta y pausadamente, sintiendo tanto el esfuerzo como la gratitud en cada movimiento. El aire se sentía más fresco, el cielo, de alguna manera, más azul, y las calles familiares parecían susurrar aliento con cada paso. Recordé lo lejos que había llegado. Hace apenas unas semanas, estaba en un estado lamentable, pero allí estaba, avanzando, paso a paso.

Estoy muy agradecida por el apoyo de Flora. Caminó conmigo con paciencia, animándome en cada paso. Su presencia me recordó que la sanación no es algo que deba hacer sola. Tener a alguien a mi lado hizo que cada caminata no fuera solo un ejercicio, sino una celebración del progreso. Esas caminatas fueron más que fisioterapia; fueron un recordatorio diario de resiliencia, gratitud y la fuerza que surge al apoyarse en la fe y los amigos. Me recordaron que incluso en la recuperación, hay belleza en las pequeñas victorias.

Hubo momentos durante nuestras oraciones nocturnas en los que no pude evitar llorar. Mientras Flora y yo abríamos nuestros corazones a Dios, sentí un profundo temor crecer en mí, miedo de cómo sería cuando ella tuviera que regresar a Boston. La idea de volver a estar sola me abrumaba, y me preguntaba cómo me las arreglaría sin su constante presencia a mi lado. En esos momentos, las palabras de consuelo y las oraciones de Flora me recordaban que nunca estaba realmente sola. Incluso cuando el miedo me dominaba, intenté confiar en la promesa de Dios de que nunca me dejaría ni me abandonaría. No fue fácil, pero sabía que debía confiar en que su fuerza me ayudaría, como hasta ahora.

Estas oraciones con Flora fueron una fuente de sanación y consuelo, incluso cuando sacaron a la luz mis miedos más profundos. Me recordaron que debía entregar mis preocupaciones a Dios y vivir cada día como venía, sabiendo que su gracia es suficiente para lo que venga. Todas las noches, antes de dormir, Flora y yo nos tomábamos un tiempo para orar juntas. Se convirtió en un momento sagrado, un tiempo para reflexionar sobre el día, agradecer a Dios por el progreso que había logrado y pedir fuerzas para el camino que me esperaba. Esas oraciones me recordaron que Dios estaba recorriendo este camino conmigo, al igual que Flora por las mañanas.

También comenzamos el día con el devocional diario de Charles Stanley. Sus palabras me brindaron mucha paz y ánimo, marcando el ritmo del día. Al escucharlo juntos, me sentí inspirado a seguir confiando en el plan de Dios, incluso cuando el camino parecía incierto.

Nuestras rutinas diarias, compuestas por podcasts matutinos y oraciones vespertinas, me brindaron una sensación de continuidad durante este período de sanación. Estos principios rectores me permitieron priorizar mis valores fundamentales: la fe, la gratitud y la comprensión de que cada día me ofrece nuevas fuerzas y bendiciones.

Uno de los problemas con los que lidié durante mi recuperación fue la alimentación. Todo me sabía demasiado salado o demasiado dulce, probara lo que probara. Era una sensación extraña y frustrante. Comidas que antes disfrutaba ahora me resultaban abrumadoras, y comer se convirtió más en una obligación que en un consuelo. Flora estaba muy preocupada por mí durante esos días en que me costaba comer. Preparara lo que preparara, simplemente no tenía apetito. Podía ver la preocupación en su rostro mientras intentaba animarme a comer, con la esperanza de ayudarme a recuperar las fuerzas. Para mí también era frustrante. Quería comer, sentirme normal de nuevo, pero todo me sabía raro.

Ver a Flora esforzarse por prepararme la comida, solo para que yo apenas diera un bocado, me hizo sentir culpable e impotente. Sin embargo, su cariño y persistencia me recordaron cuánto me quería. Incluso en los momentos más difíciles, su amor y apoyo nunca flaquearon. Estoy muy agradecida por su paciencia y por estar a mi lado cuando más la necesitaba. Sabía lo importante que era comer y nutrir mi cuerpo para sanar, pero sentía que mis papilas gustativas me traicionaban. Cada comida se convertía en un desafío, y había momentos en que me sentía desanimada. Me preguntaba si mi sentido del gusto volvería alguna vez a la normalidad.

Pero poco a poco, aprendí a adaptarme. Experimenté con comidas suaves y menos intensas, centrándome en las texturas y la simplicidad. El apoyo de Flora también marcó una gran diferencia. Fue paciente y comprensiva, y a menudo me recordaba que debía ir paso a paso. Lo que más me sorprendió fue cómo algo tan simple como comer podía enseñarme resiliencia. Esas pequeñas victorias —terminar una comida o encontrar un plato que pudiera tolerar— me recordaban que la sanación es un proceso. No siempre es fácil ni sencillo, pero aun así es progreso.

Al mirar atrás, ahora valoro más la posibilidad de disfrutar de la comida. Es una de esas bendiciones cotidianas que antes daba por sentado. Ahora, saboreo cada momento, consciente de lo lejos que he llegado. Cada día recuerdo lo bendecida que soy por el amor y el cariño de mis amigos de la iglesia. Me visitaban con regularidad, brindándome cariño y ánimo que me elevaban el ánimo. A veces, incluso me llevaban a pasear, ayudándome a respirar aire fresco y a disfrutar de la belleza del vecindario. Esos momentos de conexión son mucho más que simples visitas; son recordatorios de que no estoy sola en este camino. Cada paseo y conversación se sentía como un regalo; un reflejo del amor de Dios expresado a través de la bondad de los demás.

Su presencia ha sido una fuente de fortaleza para mí. Su apoyo me recuerda conmovedoramente que la sanación es un proceso multifacético que aborda las necesidades físicas, emocionales y espirituales, ya sea que caminemos en silencio o compartamos nuestras historias. Estoy profundamente agradecido con estos amigos que me han mostrado lo que significa ser parte de una comunidad de fe.

Uno de los momentos más significativos de las visitas de mis amigos era cómo siempre orábamos juntos antes de que se fueran. Era un momento de paz y conexión que fortalecía mi espíritu y me recordaba la presencia de Dios en mi vida. Sus oraciones estaban llenas de esperanza, gratitud y aliento, animándome a sanar y pidiendo la guía de Dios. Escuchar sus palabras me llenaba de seguridad, sabiendo que estaba rodeada de personas que realmente me querían y creían en el poder de la oración. Estos momentos de oración eran como una bendición, un recordatorio de que Dios estaba obrando a través de estos increíbles amigos para traer consuelo y fortaleza a mi vida. No eran solo sus visitas o paseos lo que significaban tanto; era la fe y el amor que infundían en cada interacción. Estoy verdaderamente agradecida por su apoyo incondicional.

Una mañana, Flora y yo decidimos dar un paseo por un café cercano. Queríamos salir, disfrutar del sol y desayunar juntas. Nos pareció la manera perfecta de empezar el día: dar un paseo tranquilo por el barrio, sintiendo el calor del sol en la cara. Mientras caminábamos, charlábamos de todo y de nada a la vez, compartíamos risas, reflexionábamos sobre lo que Dios había hecho y simplemente saboreábamos la paz del momento.

Sentada afuera en la cafetería, saboreando nuestro café y mi croissant de chocolate favorito, sentí una sensación de libertad y alegría que no había sentido en semanas. Fue uno de esos momentos sencillos pero profundos, rodeada de caras conocidas, disfrutando de deliciosos dulces y disfrutando de la belleza de la vida cotidiana. Un recordatorio de que sanar no se trata solo de la recuperación física; se trata de encontrar pequeñas alegrías, incluso en medio de la adversidad. Estoy muy agradecida por estos pequeños momentos, donde puedo sentirme realmente viva y presente.

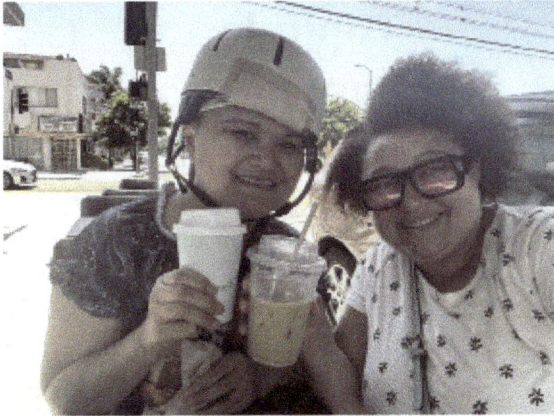

Con Flora, disfrutando de nuestro café de la mañana y mi croissant de chocolate favorito en una cafetería cercana.

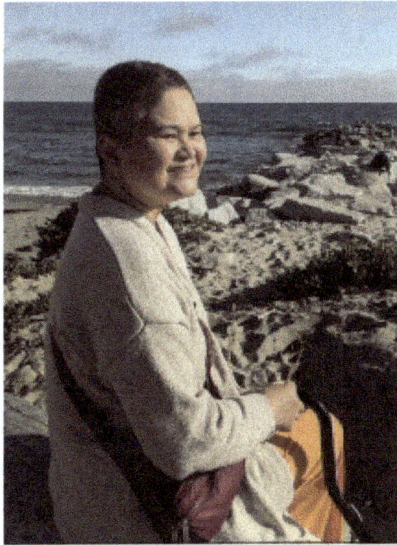

Un día en la playa en Santa Mónica, California

Capítulo 13
Una cosa lleva a otra

Unos días después de que me dieran de alta, decidí ponerme mis lentes de contacto, sin darme cuenta de que llevaban demasiado tiempo en remojo. El dolor me golpeó al día siguiente: una sensación de ardor insoportable que me impedía mantener los ojos abiertos. Estaba aterrorizada. Mi mente se llenó de miedo mientras pensaba: « *¿Y si pierdo la visión?*». No veía nada y el dolor era insoportable.

Flora tuvo que contactar a Pye para informarle sobre mi problema ocular. Por suerte, era su día libre y llegó pronto para examinarme. Trajo colirio, pero no me alivió. El dolor era tan intenso que no podía abrir los ojos. Pye decidió que era necesario ir a urgencias; sin embargo, debido a mi discapacidad visual, subir las escaleras suponía un riesgo considerable de caída, a pesar de llevar casco protector. Por lo tanto, decidimos contactar con los servicios médicos de emergencia para solicitar asistencia. Cuando llegaron los servicios de emergencia, ni siquiera podía caminar. Tuvieron que bajarme prácticamente en brazos para subirme a la ambulancia.

El viaje al hospital se hizo eterno. Flora y yo no dejamos de orar durante el camino, pidiéndole a Dios que protegiera mi vista y me ayudara a superar esto. Al llegar a urgencias, el equipo médico actuó con rapidez. Cuando la doctora entró para examinarme los ojos, le pregunté si podía orar antes de que comenzara el tratamiento. Cuando dijo que sí, inmediatamente le tomé las manos y comencé a orar en voz alta. Le pedí al Señor sanidad, sabiduría para la doctora, bendiciones y protección para su familia, sus hijos y los hijos de sus hijos, y que la paz se instalara en mi corazón. Al terminar de orar, la doctora me agradeció las oraciones y me aseguró que haría todo lo posible por ayudarme.

Mientras me examinaba los ojos, sentí que el escozor se intensificaba, un recordatorio de cómo incluso un pequeño error podía convertirse inesperadamente en una emergencia médica. La doctora se mantuvo paciente y minuciosa, explicándome lo que vio y lo que debía hacerse. Tras una serie de pruebas, confirmó que mis ojos habían desarrollado una infección debido a la exposición prolongada a la solución para lentes de contacto. Aunque la noticia era preocupante, sentí una profunda sensación de calma. Sabía que, a pesar de la incomodidad, estaba en buenas manos, tanto médica como espiritualmente.

El personal del hospital me brindó rápidamente el tratamiento necesario y me recetaron lubricantes oculares y gotas antibióticas para facilitar la recuperación. Justo después del tratamiento, pude abrir los ojos y ver lo que tenía delante. Al salir de urgencias, nos regocijamos y alabamos a Dios por otro milagro, por guiarme ante otro desafío inesperado y por poner en mi camino a personas bondadosas y capaces. Esa experiencia me recordó lo frágiles, pero a la vez resilientes que somos. También profundizó mi gratitud por los pequeños momentos —como la bondad de un médico, la rápida respuesta de un amigo, los sacrificios de mi primo y el poder de la oración— antes de enfrentar la incertidumbre.

Fue una experiencia dolorosa y humilde, que me dejó conmocionada, pero increíblemente agradecida. Mirando hacia atrás, he aprendido la importancia de ser cuidadosa y cuidar mejor mi cuerpo, especialmente durante la recuperación. Ese momento me recordó lo frágil que puede ser la vida, pero también lo fuerte que puedo ser ante el miedo.

Tras la visita de urgencias, el médico me remitió a un oftalmólogo para un examen completo una semana después. Fui a la cita con Flora, todavía inquieto y sin saber qué esperar, pero con la esperanza de recibir buenas noticias. Mientras estábamos en la sala de espera, nos encontramos con tres caballeros que, como nosotros, esperaban a que los llamaran. El Espíritu Santo nos inspiró a conversar con ellos y preguntarles cómo podíamos orar por ellos.

Lo que comenzó como un encuentro casual se convirtió rápidamente en un momento sagrado. Esa pequeña sala de espera se convirtió en un lugar de adoración y oración, donde nos unimos para elevar nuestras necesidades y alabanzas al Señor. En medio de esto, una enfermera trajo a otra paciente para que se sentara con nosotros. Dijo: «Esta zona es tierra santa. Deberías sentarte aquí». Sus palabras me dieron escalofríos, confirmando que la presencia de Dios estaba allí sin duda.

Uno de los caballeros con los que oramos era pastor y se recuperaba de un derrame cerebral, pero enfrentaba un revés y atravesaba algunas dificultades. Compartió sus luchas con nosotros y oramos por fortaleza y sanación en su camino. Su fe, en medio de sus desafíos, nos recordó la gracia sustentadora de Dios.

Antes de separarnos ese día, nos prometimos orar el uno por el otro. Saber que cumpliríamos esa promesa fue un poderoso recordatorio del amor de Jesús, de cómo nos une y nos llama a llevar las cargas de los demás en oración. Esa sala de espera, llena de desconocidos momentos antes, se convirtió en un santuario donde todos presenciamos el poder y el amor de Dios obrando en tiempo real.

Cada vez que asistíamos a una de mis citas médicas, intentábamos encontrar a alguien que pudiera necesitar oración. En algunas ocasiones, incluso oramos por las enfermeras. Podemos ser testigos de cualquiera que esté dispuesto a escuchar sobre el amor de Cristo, ya sea en un hospital o en una tienda. A veces, simplemente se trata de ser receptivos a la voz y la guía del Espíritu Santo. Momentos como estos nos recuerdan que Dios puede usarnos en cualquier lugar para brindar aliento y esperanza a los demás.

Cuando llegó mi hora de ver al especialista, me realizó una serie de pruebas y me dio un diagnóstico para el que no estaba preparada: glaucoma. Fue mucho para procesar. Nunca imaginé que esta afección formaría parte de mi historia, y escuchar que necesitaría tratamiento láser en ambos ojos fue abrumador. Mi oftalmólogo, el Dr. Garrick Chak, me recomendó una iridotomía periférica con láser.

Dijo que era un procedimiento común para tratar o prevenir el glaucoma de ángulo cerrado, una afección grave en la que el líquido no puede drenar correctamente debido a ángulos estrechos o cerrados entre el iris y la córnea, especialmente en personas con ángulos estrechos en la cámara anterior. Esto puede causar un aumento repentino de la presión ocular, lo cual constituye una emergencia médica y puede provocar la pérdida permanente de la visión si no se trata.

En ese momento, sentí una mezcla de emociones: miedo, incertidumbre y un profundo anhelo de tranquilidad. Además, me sentí agradecido, una bendición disfrazada, de que el problema se detectara a tiempo para permitir un tratamiento eficaz. Esta experiencia me recordó conmovedoramente la importancia de priorizar mi salud y confiar en la experiencia de quienes me facilitaron la recuperación. El camino por delante parecía incierto, pero decidí concentrarme en la esperanza de que estos tratamientos me ayudarían a preservar la visión y mejorar mi calidad de vida. A pesar de todo, me apoyé en mi fe y en el apoyo de quienes me rodeaban para afrontar la siguiente etapa.

Cuando el Dr. Chak me recomendó un tratamiento láser para ambos ojos, dudé. Con mi craneoplastia aún pendiente, no estaba segura de si someterme a otro procedimiento antes era la mejor opción. Les pedí que consultaran con mi neurocirujano para asegurarme de que fuera seguro, sobre todo porque estaba tomando anticoagulantes y preparándome para la craneoplastia. Ser proactiva con mi salud era importante, pero confiar en Dios durante el proceso me trajo paz.

Sentía que ocurrían muchas cosas a la vez y no quería sobrecargar mi cuerpo. Pero el Dr. Chak me aseguró que sería beneficioso abordar la iridotomía periférica con láser antes de la craneoplastia. Me explicó la importancia de controlar la presión ocular para proteger mi visión y asegurar una recuperación más fluida en general.

Según Mayo Clinic:

El daño causado por el glaucoma es irreversible. Sin embargo, el tratamiento y las revisiones periódicas pueden ayudar a retrasar o prevenir la pérdida de visión, especialmente si la enfermedad se detecta en sus primeras etapas. El tratamiento del glaucoma busca reducir la presión intraocular. Las opciones de tratamiento incluyen gotas oftálmicas recetadas, medicamentos orales, tratamiento con láser, cirugía o una combinación de enfoques ·

Después de tomarme un tiempo para pensar y orar, y con la aprobación de mi neurocirujano, programé el procedimiento láser. No fue una decisión fácil, pero decidí confiar en su experiencia y supe que debía priorizar mi salud y dar cada paso según fuera necesario. Esta temporada fue una lección sobre cómo confiar en la fe, confiar en los demás y creer que Dios me guiaba en cada desafío.

Llegó el día de mi procedimiento láser y, aunque estaba nerviosa, me sentía lista para dar el siguiente paso en mi recuperación. Antes de ir a la sala de láser, sentí la necesidad de orar, así que le pedí a Flora que orara por mí y por mi doctor. Los tres nos pusimos de pie y oramos juntos, invitando a la presencia y la guía de Dios durante el tratamiento. Ese momento me recordó cómo la oración nos conecta y nos brinda paz, incluso en las situaciones más inciertas. El Dr. Chak y su equipo médico me dieron tranquilidad, guiándome durante el proceso con atención y profesionalismo.

Para mi alivio, ¡el procedimiento fue un éxito y rápido! Casi de inmediato, noté que los resultados eran excelentes. Mi visión era más nítida y podía ver mejor que en semanas. Todavía necesitaba usar gafas o lentes de contacto, pero podía sentir y ver la deferencia. Una vez más, sentí que me habían quitado un peso de encima, y no pude evitar sentirme agradecido por la experiencia de los médicos y la bendición de la medicina moderna.

Esta experiencia me recordó el poder de confiar en el proceso, incluso cuando se siente incierto. Cada paso adelante, por pequeño que sea, es una victoria que vale la pena celebrar. Poder volver a ver el mundo con más claridad fue un regalo.

Con el paso del tiempo y mi fuerza, Flora y yo decidimos salir un par de veces para celebrar mis progresos. Uno de los momentos más memorables fue visitar a unos amigos y luego ir a la playa a disfrutar de la brisa marina. El sonido de las olas, el aroma salado del aire y la sensación del viento en la cara eran tan estimulantes. Allí, contemplando el horizonte infinito, sentí una profunda paz y gratitud. Me recordó lo lejos que había llegado, no solo física, sino también emocionalmente.

Estas pequeñas aventuras con Flora fueron más que simples salidas; fueron hitos, prueba de que estaba recuperando mi vida paso a paso. La alegría de estar rodeada de amigos y la sencilla belleza de la naturaleza me dieron la fuerza para seguir adelante.

Salmo 61
La seguridad de la protección eterna de Dios
(NVI)

¹ *Escucha, oh Dios, mi clamor; atiende a mi oración.*

² *Desde los confines de la tierra te clamo, clamo cuando mi corazón desmaya; guíame a la roca que es más alta que yo.* ³ *Porque tú has sido mi refugio, torre fuerte contra el enemigo.*

⁴ *Anhelo morar en tu tienda para siempre y refugiarme al abrigo de tus alas.* ⁵ *Porque tú, Dios, has escuchado mis votos; me has dado la heredad de los que temen tu nombre.*

⁶ *Aumenta los días de la vida del rey, sus años por muchas generaciones.* ⁷ *Que esté entronizado en la presencia de Dios para siempre. Designa tu amor y tu fidelidad para protegerlo.*

⁸ *Entonces cantaré siempre alabanzas a tu nombre y cumpliré mis votos día tras día.*

El salmo del rey David es un poderoso recordatorio de la inquebrantable fidelidad de Dios, especialmente en tiempos de necesidad. Los versículos 1 y 2 resuenan en mí, recordándome mis propios gritos desesperados de ayuda y mi anhelo de la presencia divina. Constantemente he buscado refugio en Dios, quien ha sido mi refugio, mi torre fuerte y mi protección en medio de los desafíos de la vida. Dios siempre escucha mis oraciones y cumple sus promesas divinas, devolviéndome las fuerzas, rodeándome de amigos que me apoyan y permitiéndome superar las pruebas. Seguiré confiando en la presencia de Dios y apoyándome en Él, mi roca firme.

A cualquiera que esté pasando por su propia prueba, quiero decirle esto: confía en Jesús. Incluso cuando el camino parezca incierto, Él está contigo, guiándote en cada paso.

Capítulo 14
Mi Iglesia Hogar, Mi Cielo en la Tierra

Menos de dos meses después de mi cirugía, me sentí con fuerzas para asistir a los servicios en Core Church LA, mi iglesia. Entrar de nuevo al santuario fue como volver a casa, un momento que había esperado con ansias durante semanas. Cuando me acerqué al pastor Steve Wilburn, su rostro se iluminó de alegría. Estaba tan sorprendido y feliz de verme de vuelta. Durante el servicio, incluso les anunció a todos mi presencia. Fue un momento muy emotivo, sentir el amor y el aliento de la familia de mi iglesia a mi alrededor.

El pastor Steve y su esposa, Laurie, vinieron a visitarme durante mi hospitalización y me vieron en uno de los momentos más difíciles de mi camino. Estar ante ellos y la congregación, fortalecidos y llenos de gratitud, fue un poderoso testimonio de la fidelidad de Dios y del poder de la comunidad. Estar de vuelta en la iglesia me recordó cuánto me habían apoyado las oraciones, el amor y el apoyo durante esta etapa de mi vida. Fue como un nuevo comienzo, una oportunidad para alabar a Dios por su guía y por ayudarme a superar la tormenta.

Al salir del santuario, sentí el amor y la alegría en el vestíbulo. Todos estaban muy contentos de verme, aunque algunos no me reconocieron al principio. Ser calvo y usar casco me había cambiado la apariencia, pero quienes sí me reconocieron me recibieron con gran cariño y entusiasmo. Muchos compartieron que habían estado orando por mí desde que se enteraron de mi situación. Escuchar eso me conmovió profundamente y me recordó que nunca estuve solo en este camino.

Sus oraciones, junto con la misericordia de Dios, me habían ayudado a superar algunos de los momentos más difíciles de mi vida. Allí, entre mi familia de fe, me sentí como un testimonio viviente del milagroso poder sanador de Dios. Estar de vuelta, adorando al Señor en espíritu y en verdad, fue un regalo que nunca daré por sentado.

Me siento muy bendecida y privilegiada de formar parte de esta increíble comunidad, una familia de creyentes que me rodearon de amor, apoyo y una fe inquebrantable. Core Church es verdaderamente mi paraíso terrenal. Es donde puedo adorar libremente a mi Señor y Salvador, Jesús, elevando mis manos en alabanza y gratitud sin reservas. Estar rodeada de mi familia de fe en este espacio sagrado me llena el corazón de paz y alegría. No es solo un edificio; es un lugar donde la presencia de Dios se siente tan tangible, se elevan las oraciones y se transforman vidas.

Cada vez que cruzo sus puertas, recuerdo la bondad de Dios y la bendición de formar parte de una comunidad que se ama, se apoya y se anima mutuamente en la fe. La Iglesia Core es más que mi hogar; es donde mi alma encuentra descanso y renovación, un recordatorio constante de la esperanza y la gracia que tenemos en Cristo.

Mis visitas posoperatorias con mi neurocirujano, el Dr. Scharnweber, fueron un poco abrumadoras. Me estaba recuperando bien, pero la idea de que me quitaran las grapas de la cabeza me llenaba de miedo. La asistente médica, Ji Min Kwon, fue increíblemente constante y dedicada en su profesión. Me controló a diario durante mi hospitalización para asegurarse de que me recuperara bien, y su atención realmente marcó la diferencia en mi recuperación.

Mientras me explicaba el proceso, solo podía pensar en " *¿Y si sangro?"*. Me preparé, rezando para tener fuerzas para superarlo. Para mi alivio, la extirpación no fue tan dolorosa como había imaginado. Fue un recordatorio de que el miedo a menudo empeora las cosas. En ese momento, agradecí a Dios por su presencia, protegiéndome incluso de los desafíos más pequeños.

Antes de la cita con el Dr. Scharnweber, me recomendaron una tomografía cerebral. Para cuando llegué, los resultados ya estaban listos. Sentado en la oficina, no sabía qué esperar, pero oré pidiendo fuerza y claridad. Cuando la imagen apareció en la pantalla, me llevé una sorpresa. Allí, en mi cerebro, había una imagen con forma de corazón. Las imágenes eran de antes de la cirugía y un mes después. Parecía más que una simple coincidencia. Era como si Dios me recordara su amor y presencia, incluso en mi difícil camino. Ese momento me llenó de una inmensa paz y la seguridad de que el Señor siempre está conmigo.

Durante la reunión con mi neurocirujano, tenía muchísimas preguntas sobre mi próxima craneoplastia. La idea de otra cirugía me asustaba y quería estar lo mejor preparada posible. Pregunté sobre todo: qué esperar durante el procedimiento, cómo sería la recuperación e incluso qué material usarían para reemplazar la parte faltante del cráneo. Las respuestas fueron tranquilizadoras, pero la realidad seguía siendo abrumadora. Me aferré a mi fe, pidiendo fuerza y sabiduría al equipo médico. Me recordé a mí misma que Dios me había ayudado a superar la primera cirugía y que también me ayudaría a superar esta.

Durante la conversación, el cirujano explicó que el reemplazo de cráneo estaría hecho de un material sintético. Este material proporcionaría mayor resistencia y soporte, asegurando la integridad estructural del cráneo después del procedimiento. Sentía curiosidad y un poco de nerviosismo, así que pregunté más al respecto. Para mi sorpresa, el cirujano enfatizó que el material era increíblemente duradero, incluso a prueba de balas. Ese detalle me dio una extraña sensación de tranquilidad, sabiendo que el reemplazo estaba diseñado para brindar tal resistencia y protección. Fue otro momento en el que me maravillé ante la combinación de la provisión de Dios a través de la medicina moderna y las manos expertas del equipo médico.

Después de mi cita, no pude guardarme las imágenes de la resonancia magnética. Compartí la imagen en forma de corazón con mis amigos de la iglesia y quedaron tan asombrados como yo. La imagen en forma de corazón en mi cerebro era el resultado de una acumulación de sangre. Lo vieron como yo, una señal del increíble amor y cuidado de Dios por mí durante este proceso. Fue como un recordatorio de que su amor por mí era tan personal y especial, incluso en los momentos más difíciles de mi vida. Ver su aliento y escuchar sus oraciones fortaleció aún más mi fe. Fue un momento poderoso de comunidad y una hermosa confirmación de que nunca estuve sola en este proceso.

Fue increíble cuánto cambió en tan solo un par de meses. Cuando llegó Flora, todavía estaba recuperando fuerzas, pero después de dos meses, me sentí casi normal. Esos dos meses con ella fueron una gran bendición. Su presencia, apoyo y cuidado me ayudaron a sanar de maneras que jamás olvidaré.

Cuando llegó el momento de su regreso a Boston, noté que estaba un poco preocupada, pero se aseguró de que no estuviera sola. Les avisó a los líderes de mi grupo, el pastor Kevin y Caroline, sobre mis próximas citas médicas para que pudieran ayudarme con el transporte. Estoy muy agradecida por las personas que Dios puso en mi vida durante esta etapa. Su amabilidad y disposición para ayudar son un poderoso recordatorio de que cuento con un fuerte apoyo en el que apoyarme siempre que lo necesito.

A medida que sigo adelante, incluso ahora, me siento más fuerte no solo físicamente, sino también emocional y espiritualmente. He llegado muy lejos, y aunque sé que aún quedan desafíos por delante, confío en que Dios seguirá guiándome a través de ellos. Hoy, elijo centrarme en la gratitud por mi recuperación, por las personas que me han apoyado y por la belleza de la vida misma.

Capítulo 15
El plan de Dios es bueno

Mientras me preparaba para mi craneoplastia, me sentí mucho más fuerte. Es increíble mirar atrás y ver cuánto he avanzado. Estando sola en mi apartamento, pude cocinar algunas sopas, algo que me parecía imposible hace apenas unas semanas. Nò estaba segura de cuánta energía tendría después de la cirugía, así que hice planes para asegurarme de que todo estuviera listo. Decidí cocinar y congelar algunas sopas para que fueran fáciles de recalentar al volver a casa. Saber que me esperaba algo nutritivo y reconfortante me dio tranquilidad.

Mi craneoplastia estaba programada para el 12 de septiembre de 2024 en el Centro Médico Kaiser Permanente de Los Ángeles, con un ingreso hospitalario de tres días para un goteo de heparina. Este paso fue crucial para garantizar mi seguridad. La coumadina puede aumentar el riesgo de sangrado durante la cirugía, por lo que el goteo de heparina ayuda a mitigar este riesgo. La heparina es un anticoagulante; los pacientes con válvula cardíaca mecánica requieren terapia anticoagulante. Esto generalmente incluye un puente temprano con goteo de heparina.

La administración de heparina puente es crucial para prevenir eventos tromboembólicos, ya que los pacientes con válvulas cardíacas mecánicas tienen un mayor riesgo de formación de coágulos si no se coagulan correctamente. Es práctica habitual iniciar el goteo de heparina unos días antes y después de la cirugía para asegurar un control adecuado de la anticoagulación del paciente. Aunque la hospitalización fue incómoda, agradecí la dedicación de mi equipo médico para brindarme una atención de primera calidad y garantizar mi bienestar.

Mientras me preparaba para mi craneoplastia, sentí una inmensa calma, sabiendo que mi familia de la iglesia intercedía por mí. Estaba preparado para afrontar la experiencia con confianza, cimentado en mi fe y en el poder reconfortante de la música de alabanza. Mediante la oración y la confianza en el Señor, me mantuve firme, sabiendo que Él era mi fuente constante de fortaleza y consuelo en momentos de necesidad. Mientras me llevaban en silla de ruedas al quirófano, no pude evitar notar la profunda paz que experimentaba. No sentí ninguna molestia ni nerviosismo, algo inusual en mí, ya que suelo ponerme ansioso, incluso con las tomografías cerebrales de rutina. En ese momento, sin embargo, sentí una calma inesperada.

Al abrirse las puertas, me dieron la bienvenida luces brillantes y un equipo médico bien preparado. El anestesiólogo estaba listo para inducir la anestesia y una enfermera comenzó a administrar la oxigenoterapia. Solicité un breve momento para orar, ofreciéndome a sostener mi máscara de oxígeno para orar en voz alta antes de ser sedado. Lo siguiente que recuerdo es que estaba completamente despierto y creí haber terminado de orar e informé al equipo que estaba listo para la anestesia y proceder con el procedimiento. Me miraban con una sonrisa, y una persona dijo: "¡Listo!".

Pregunté: "¿Cómo que ya está?", solo para que me informaran que la cirugía había terminado y que había salido bien. Estaba confundido, pues creía haber terminado de rezar y no me había dado cuenta de que me había quedado dormido.

No se afanen por nada; más bien, en toda ocasión, mediante oración y ruego, con acción de gracias, presenten sus peticiones a Dios. Y la paz de Dios, que sobrepasa todo entendimiento, guardará sus corazones y sus pensamientos en Cristo Jesús. Filipenses 4:6-7 (RVR1960)

La ansiedad puede afectar significativamente nuestra vida diaria. Sin embargo, el deseo de Dios es que vivamos de una manera que refleje su voluntad. Se nos exhorta a no afanarnos por nada; en cambio, debemos expresar nuestras necesidades a Dios mediante la oración y la súplica. Es esencial reconocer la autoridad de Dios sobre nuestras vidas. Al confiarle cada preocupación, reconocemos su infinita capacidad para manejar todos los aspectos de nuestra vida.

Tuve la bendición de experimentar la paz de Dios que sobrepasa la comprensión humana. Agradezco el amor, la misericordia y la gracia que el Señor me ha dado. Me regocijo y glorifico al Señor, reconociendo su bondad eterna.

Tras mi recuperación quirúrgica, me trasladaron a la unidad de cuidados intensivos para una vigilancia estrecha debido al riesgo de sangrado. A pesar de ello, me encontraba de buen ánimo y pude caminar, hablar y comer de inmediato. Al igual que en mi primera cirugía en junio, me raparon la cabeza por segunda vez para minimizar el riesgo de infección.

Mi tiempo en la unidad de cuidados intensivos fue muy cómodo. Gracias a mi movilidad, pude realizar varias tareas de forma independiente, como usar el baño, mi higiene personal y caminar por la unidad. Una de las enfermeras me apodó "Señora Walkie Talkie", lo que reflejaba mi pasión por la conversación y por compartir mis testimonios personales y mi fe en Jesús. Además, les daba canciones gospel y las invitaba a acompañarme a la Iglesia Core de Los Ángeles.

Al cuarto día de la cirugía, noté hinchazón en el lado derecho del ojo. Al llegar Jason, mi enfermero de noche, identificó rápidamente un problema y pidió ayuda. Al terminar mi visita al baño, sentí que me desmayaba. Jason pidió ayuda e intentó ayudarme a llegar a la cama. En ese momento, uno de los enfermeros entró en la habitación para sostener a Jason y luego me llevó solo a la cama. Jason se comunicó rápidamente con el neurocirujano de turno para informarle de mi inusual condición, lo que llevó a solicitar una tomografía computarizada de inmediato. Minutos después de la tomografía, los resultados indicaron un diagnóstico positivo de hemorragia intracraneal, lo que requirió una intervención quirúrgica inmediata.

La idea de someterme a otra neurocirugía era difícil de describir. Al acercarse la medianoche, reconocí que mis guerreros de oración probablemente estaban dormidos, pero intenté contactar a alguien disponible para apoyarme en oración. Pude hablar con mis amigos guerreros de oración, David, Vicki y Wowie. Al aclararles la situación, percibieron el miedo que sentía.

A pesar de lo tarde que era, me escucharon atentamente, ofreciéndome consuelo y recordándome que no estaba sola. La voz tranquila de David tranquilizó mis pensamientos, el suave aliento de Vicki me recordó la fidelidad de Dios, y las fervientes oraciones de Wowie y su esposo Daniel me animaron. Aunque el miedo aún persistía, sus palabras y oraciones se convirtieron en un escudo que me rodeaba, afianzándome en la fe. Al terminar las llamadas, respiré hondo y sentí una renovada paz. Incluso en la oscuridad de la noche, sabía que Dios estaba presente, obrando a través de mis amigos para fortalecerme.

Al reconocer que habían orado por mí, sentí una profunda paz, y ante cualquier circunstancia que se me presentara, tenía la seguridad de que el Señor estaba conmigo, sosteniéndome en su presencia. Estaba completamente preparado y tenía una confianza inquebrantable en el Señor, sabiendo que tenía el poder para guiarme en cualquier situación.

Tras la cirugía, mi neurocirujano me informó que la hemorragia se había controlado con éxito y que mi cráneo había recuperado su estado original. Al principio, me preocupaba que la extirpación de parte del cráneo implicara un período de espera de tres meses antes de poder volver a colocarlo, y que tuviera que volver a usar casco, como en la intervención anterior.

Comprender el plan de Dios para nuestras vidas puede ser un desafío. A menudo me pregunto por qué debo soportar ciertas experiencias repetidamente, pero reconozco que su razonamiento puede trascender mi comprensión.

En tan solo tres meses, me sometí a tres cirugías cerebrales, y lo más notable de esta experiencia fue que salí de cada procedimiento sin ninguna deficiencia. De vez en cuando, me pregunto si Dios está revelando su propósito tras estos eventos, lo que me impulsa a entregarme por completo y confiar en Él. Como deidad soberana, Él orquesta todo según su plan divino. Es fundamental tener paciencia y confiar en su voluntad divina, reconociendo que incluso los individuos elegidos de la Biblia enfrentaron numerosas pruebas y tribulaciones, desde el Antiguo Testamento hasta el Nuevo Testamento.

Al reflexionar sobre la vida de Job, observo que lo poseía todo y que el Señor lo consideraba justo, irreprensible y recto. Sin embargo, Dios permitió que Satanás pusiera a prueba su fe al arrebatarle todas sus posesiones, excepto su bienestar físico. Tras su extenso sufrimiento, Job no sucumbió al pecado. Su sentimiento de abandono divino se vio mitigado por el apoyo constante de Dios.

También está la historia de la mujer con hemorragia en Lucas 8:43-48. La mujer sufrió durante doce años y nadie podía sanarla. Se acercó a Jesús por detrás, tocó el borde de su manto e inmediatamente dejó de sangrar. Cuando Jesús preguntó quién lo había tocado, la mujer se acercó temblando y se postró ante Jesús, declarando en presencia de todos la razón por la que lo había tocado y que había sido sanada al instante. Jesús le dijo a la mujer: «Hija, tu fe te ha salvado; vete en paz» (Lucas 8:48). ¡La devoción de la mujer a Jesús le devolvió la salud!

Al contemplar mis propias experiencias, me lleno de gratitud, sabiendo que mi Señor Jesús es mi compañero constante, guiándome en cada tormenta y fortaleciendo mi fe con cada paso. Dios permite que las circunstancias profundicen nuestra confianza en Él, asegurándonos que nunca nos enfrentaremos a más de lo que podamos soportar.

No os ha sobrevenido ninguna tentación que no sea humana; pero fiel es Dios, que no os dejará ser tentados más de lo que podéis resistir, sino que juntamente con la tentación dará también la salida, para que podáis soportarla. 1 Corintios 10:13 (RVR1960)

Salmo 100
Todos los hombres son exhortados a alabar a Dios

Un salmo de acción de gracias

(NVI 1995)

¹ Aclamad con alegría al Señor, toda la tierra. ² Servid a Jehová con alegría; venid ante él con cánticos de júbilo. ³ Sabed que el Señor es Dios, y no nosotros a nosotros mismos, y que él nos hizo. Nosotros somos su pueblo y ovejas de su prado.

⁴ Entrad por sus puertas con acción de gracias, por sus atrios con alabanza; dadle gracias, bendecid su nombre. ⁵ Porque Jehová es bueno; Para siempre es su misericordia, Y su fidelidad por todas las generaciones.

¡Regocijémonos en el Señor, pues siempre es bueno! Alzo mi voz en alabanza al Señor, una encarnación resplandeciente de justicia y amor. Me siento abrumado por la gratitud por las innumerables bendiciones que llenan mi vida, testimonio de su cuidado inquebrantable. Por medio de Jesucristo, mi Salvador y Señor, he sido acogido en la familia de su reino, redimido y perdonado. Su amor me ha transformado y su gracia me ha sanado.

Capítulo 16
Saliendo Entero

Tras la cirugía, me sometí a rehabilitación en el hospital, incluyendo fisioterapia y terapia ocupacional para mejorar mi estado general de salud. Trabajar con los terapeutas me permitió centrarme en mi salud física y mental simultáneamente, y poder caminar por la unidad reforzó mi confianza y seguridad en la mejora de mi salud general, lo que me indicó que pronto podría recibir el alta.

Estaba deseando volver a casa y disfrutar de la comodidad de mi propio espacio. Anhelaba una ducha revitalizante, una noche de sueño reparador en mi cama y paseos relajantes por mi barrio. La hospitalización había alterado mis patrones de sueño debido a las revisiones periódicas de signos vitales por parte del personal de enfermería, que me obligaban a despertarme a intervalos regulares. Anhelaba dormir profundamente en casa.

Tras el alta, las enfermeras y el personal de la UCI de neurología se reunieron para despedirme, y no pude evitar sentir una inmensa gratitud mientras me llevaban en camilla hacia la salida. Las enfermeras y el personal que me habían cuidado en algunos de mis momentos más vulnerables ahora estaban juntos, sonriendo, animándome y ofreciéndome palabras de aliento. Se me llenaron los ojos de lágrimas, no de tristeza, sino del inmenso agradecimiento que sentía por estas increíbles personas que se habían convertido en parte de mi camino. En ese momento, supe que no solo estaba dejando el hospital; estaba entrando en una nueva etapa, llevando conmigo el amor, el apoyo y las oraciones que me habían sostenido durante todo. Fue un momento de pura humildad, sabiendo que estas increíbles enfermeras y personal, que habían trabajado incansablemente para cuidarme, ahora celebraban mi fortaleza y mi recuperación.

Al mirar sus rostros, vi más que solo profesionales médicos; vi a personas que habían entregado su corazón a mi sanación.

Algunos me habían tomado de la mano en noches difíciles, otros me habían susurrado palabras de consuelo cuando el miedo me invadía; sin embargo, todos habían contribuido a mi recuperación. Saludé con el corazón lleno y susurré una oración silenciosa de gratitud. Esto fue más que una simple despedida; fue un testimonio del poder de la compasión, la fe y el apoyo inquebrantable de quienes me acompañaron en este camino.

Durante mi cita posoperatoria con el Dr. Scharnweber, pregunté sobre la hemorragia cerebral inesperada, dados mis análisis de sangre normales. Al comentar los resultados de la tomografía computarizada con uno de mis médicos, este observó la ausencia de indicios de accidente cerebrovascular o aneurisma. El Dr. Scharnweber comentó sobre las fisuras en los vasos sanguíneos microscópicos de mi área temporal derecha. Dado que no se había demostrado un aneurisma ni un accidente cerebrovascular, existían dos posibilidades: el problema podría estar relacionado con el vaso sanguíneo más grande (macrovascular) o con un vaso sanguíneo pequeño (microvaso) que forma parte del sistema microcirculatorio.

Esta fue la explicación médica del Dr. Scharnweber. Un aneurisma de Charcot-Bouchard es un pequeño punto débil en los vasos sanguíneos del cerebro. Se presenta principalmente en zonas profundas del cerebro, como los ganglios basales, el tálamo, la protuberancia anular y el cerebelo. Si uno de estos aneurismas se rompe, puede causar una hemorragia cerebral (un tipo de accidente cerebrovascular llamado hemorragia intracerebral). Esto puede provocar problemas graves, como debilidad repentina, dificultad para hablar o incluso pérdida del conocimiento. A diferencia de los aneurismas más grandes, que pueden causar hemorragias alrededor del cerebro, estos pequeños aneurismas afectan a los vasos sanguíneos diminutos del cerebro. La mejor manera de prevenir su formación o ruptura es controlar la presión arterial alta mediante un estilo de vida saludable y la medicación, si es necesario.

Lo que tuve fue una hemorragia intracerebral o extensión intraventricular en terminología médica.

Según la Asociación Estadounidense de Cirujanos Neurológicos:

aumentar la presión intracraneal (PIC) hasta el punto de dañar aún más el cerebro.

La explicación de mi cirujano sobre términos médicos fue realmente impresionante, y considerando mi historial de traumas, es extraordinario que esté vivo y bien hoy. Creo firmemente que el poder de Dios ha sido fundamental en mi camino. A lo largo de mis evaluaciones diarias, mi estado mental demostró constantemente alerta, orientación y una actitud no suicida, caracterizada por un comportamiento tranquilo, cooperativo y una comunicación proactiva. Los resultados de laboratorio fueron normales, al igual que mi presión arterial.

Todos los días, cuando las enfermeras entraban a verme, sabía lo que me esperaba. Sus preguntas, bien ensayadas, eran las mismas:

- ¿ Qué fecha es hoy?

- ¿   Dónde estás?

- ¿Cuál es la dirección de la calle de la instalación?

- ¿ Quién es el presidente actual?

Casi podía poner mi reloj en hora. Al principio, respondía con diligencia, pero con el paso de los días, me di cuenta de que si no le añadía un poco de humor, podría perder la cabeza. Así que decidí hacer las cosas un poco más interesantes. Preguntaba: "¿Hay alguna manera de que el cirujano pueda transformar mi cerebro en uno inteligente?" o "¿Qué pasa con el presidente actual y las próximas elecciones?".

Algo que disfruté de mi estancia en Kaiser fue su comida y sus helados. Las enfermeras me comentaron que su helado era muy popular entre la mayoría de los pacientes. A veces, me sentía como si estuviera en un resort. Podía pedir comida por teléfono y que me la entregaran cuando estuviera lista. ¡Su comida estaba deliciosa y disfruté cada bocado!

Capítulo 17
La vida vuelve a la normalidad

Al reflexionar sobre mi historial médico, me sorprende mi capacidad para afrontar la adversidad y atribuyo mi fortaleza al poder de Dios.

Por lo tanto, pónganse toda la armadura de Dios, para que cuando llegue el día malo, puedan mantenerse firmes y, después de haberlo superado todo, mantenerse firmes. Efesios 6:13 (NVI)

La oración es nuestro escudo poderoso contra las maquinaciones de los enemigos.

Ninguna arma forjada contra ti prosperará; y condenarás toda lengua que te acuse en juicio. Esta es la herencia de los siervos del Señor, y su vindicación viene de mí —declara el Señor—. Isaías 54:17 (RVR1960)

Este versículo es una promesa de Dios de que ningún daño ni ataque me vencerá. Aunque hablen mal de mí o intenten derribarme, Dios me protegerá y me ayudará a mantenerme firme. La protección de Dios es para quienes confían en Él y lo siguen. Él defenderá y se asegurará de que lo que otros planearon para mal no me haga daño al final. Así que, pase lo que pase —ya sean problemas de salud, desafíos ajenos o cualquier otra cosa— Dios está ahí para protegerme y ayudarme.

¡Dios está luchando por mí! No tengo que luchar solo porque Dios es mi defensor. Este versículo me recuerda que con Dios de mi lado, puedo tener paz y confianza, sabiendo que Él me cuidará. ¡Gracias, Jesús, por luchar por mí!

Una de mis actividades favoritas del verano es asistir a conciertos cristianos con mis amigos de la Iglesia Central y de otras iglesias. Tuve el placer de ver a MercyMe, Toby Mac y Zach Williams en vivo en Los Ángeles después de una recuperación de cinco meses tras una cirugía. El concierto fue divertidísimo, y la canción de MercyMe, "Flawless", me impactó profundamente. Esta canción habla de la gracia, la redención y de cómo el sacrificio de Jesús nos hace perfectos ante Dios.

A lo largo de la vida, inevitablemente enfrentamos desafíos y contratiempos, pero es esencial mantener la fe firme. El Señor siempre está presente, sin importar nuestras circunstancias. He llegado a comprender que, en mis momentos difíciles —ya sean de salud, económicos o laborales—, siempre busco refugio en el Señor. Además, a medida que aumentan mis necesidades, mi relación con el Señor se profundiza al reconocerlo como mi fuente confiable de apoyo en momentos de necesidad. Siempre puedo confiar en su guía.

No, en todas estas cosas somos más que vencedores por medio de aquel que nos amó. Porque estoy convencido de que ni la muerte ni la vida, ni ángeles ni demonios, ni lo presente ni lo futuro, ni ningún poder, ni lo alto ni lo profundo, ni ninguna otra cosa creada nos podrá separar del amor de Dios, que es en Cristo Jesús, Señor nuestro. Romanos 8:37-38 (NVI)

Estoy encantada de volver a la normalidad y a hacer lo que me gusta. Mi amiga Michelle y yo, que nos hicimos buenas amigas en la iglesia, asistimos regularmente a conciertos cristianos. Como solteras, disfrutamos de nuestra mutua compañía y compartimos diversos intereses, como conciertos, cenar temprano en nuestro restaurante favorito del barrio, películas, paseos a la playa y, ocasionalmente, viajes fuera de la ciudad. Michelle es una amiga valiosa, una guerrera de oración comprometida, compañera de ayuno y una hermana de confianza que encarna un apoyo y una fiabilidad inquebrantables.

Al momento de escribir esto, he cumplido seis meses desde la cirugía y puedo afirmar con seguridad que mi bienestar general prácticamente ha vuelto a ser como antes. He recuperado mi independencia total, puedo conducir sin dificultad y he dejado de tomar medicamentos para el cerebro. Tengo muchas ganas de volver al trabajo a principios de año y espero un nuevo comienzo. Mis amigos me visitan con frecuencia para monitorear mi estado emocional y demostrar su preocupación por mi bienestar general. La presencia de una comunidad amorosa durante el proceso de recuperación es, sin duda, una bendición, ya que ejemplifica el amor y el cuidado de Dios en nuestras vidas.

A lo largo de mi trayectoria como sobreviviente, he desarrollado una comprensión más profunda del valor de la perseverancia. A pesar de la transitoriedad de la vida, es rica en belleza, y los desafíos que enfrenté se han visto justificados por mi capacidad de persistir y experimentar las maravillas de la vida. Me siento profundamente agradecido, bendecido y amado, y reconozco el impacto transformador de la intervención divina y el ingenio médico que me han permitido sobrevivir.

Afortunadamente, con el apoyo de expertos médicos y una comunidad solidaria, superé las adversidades y emergí más resiliente que nunca. Mi Señor y Salvador, Jesucristo, es, en definitiva, mi Sanador y Torre Fuerte. Ahora, me siento inspirada a compartir mi historia, con la esperanza de que brinde esperanza, consuelo, inspiración y ánimo a quienes atraviesan problemas de salud similares.

Salmo 34
El Señor, proveedor y libertador

(NVI 1995)

¹ *Bendeciré al Señor en todo tiempo; su alabanza estará continuamente en mi boca.* ² *Mi alma se gloriará en el Señor; los humildes lo oirán y se alegrarán.* ³ *Engrandezcan al Señor conmigo, y a una exaltemos su nombre.*

⁴ *Busqué al Señor, y él me escuchó, y me libró de todos mis temores.* ⁵ *Lo miraron y quedaron radiantes, y sus rostros no se avergonzaron.* ⁶ *Este pobre clamó, y el Señor lo escuchó, y lo libró de todas sus angustias.* ⁷ *El ángel del Señor acampa alrededor de los que le temen, y los libra.*

⁸ *¡Gusten y vean qué bueno es el Señor! ¡Cuán bendito es el hombre que confía en Él!* ⁹ *¡Teman al Señor, ustedes sus santos! Nada les falta a quienes le temen.* ¹⁰ *Los leoncillos pasan necesidad y tienen hambre; pero quienes buscan al Señor no carecerán de nada bueno.* ¹¹ *Vengan, hijos, escúchenme; les enseñaré el temor del Señor.* ¹² *¿Quién es el hombre que desea la vida y anhela muchos días para ver el bien?* ¹³ *Guarda tu lengua del mal y tus labios de hablar engaño.* ¹⁴ *Apártate del mal y haz el bien; busca la paz y síguela.*

¹⁵ *Los ojos del Señor están sobre los justos, Y atentos sus oídos a su clamor.* ¹⁶ *El rostro del Señor está contra los que hacen el mal, Para borrar de la tierra su memoria.* ¹⁷ *Claman los justos, y el Señor oye, Y los libra de todas sus angustias.* ¹⁸ *Cercano está el Señor a los quebrantados de corazón, Y salva a los contritos de espíritu.*

¹⁹ *Muchas son las aflicciones del justo, pero de todas ellas lo libra el Señor.* ²⁰ *Él guarda todos sus huesos; ninguno de ellos será quebrado.* ²¹ *La maldad matará al malvado, y los que odian al justo serán condenados.* ²² *El Señor redime el alma de sus siervos, y ninguno de los que confían en él será condenado.*

El Salmo 34 es un majestuoso himno de alabanza del rey David, que ensalza la infinita bondad, liberación y protección de Dios. Es un recordatorio conmovedor para buscar consuelo en su presencia. Incluso en medio de las dificultades, me siento inspirado a alabarlo continuamente. Un recordatorio reconfortante para confiar en Él en momentos de temor y dificultad, sabiendo que Dios me escucha y me salva en mi quebrantamiento.

Dios redime y protege a su pueblo a pesar de las aflicciones. Resalta su fidelidad a quienes confían en él y fomenta una vida de reverencia y rectitud. Esa sensación de paz y esperanza, arraigada en su amor eterno, es un don inmenso. Es asombroso cómo su presencia puede traer calma en medio del caos y claridad en tiempos de incertidumbre. Reflexionar en el Salmo 34 me recuerda que, sin importar las aflicciones o los desafíos, Dios está cerca de los quebrantados de corazón y libera a su pueblo.

Capítulo 18
El amor y el apoyo de una familia

Antes de mi craneoplastia, mi primo Sam, que reside y trabaja en San Francisco, se tomó una licencia temporal de su trabajo para viajar a Los Ángeles y ayudar con mi cuidado. Manong Sam no solo me brindó una atención excepcional, sino que también cubrió generosamente parte de nuestros gastos diarios. Su amabilidad fue una verdadera bendición, y le estaré eternamente agradecido por su apoyo.

Manong Sam y yo compartimos antecedentes, pues crecimos juntos en el mismo barrio de Filipinas. Como es el mayor, tiene recuerdos vívidos de mi infancia, en la que solía estar al cuidado de nuestros vecinos mientras mi madre trabajaba. A menudo recordaba lo cerca que estaba de él, incluso de pequeña. Lo admiraba y él asumía el papel de cuidador, velando por mi seguridad y participando en actividades conmigo después de su jornada escolar.

El tiempo que pasé con Manong Sam fue una fuente de gran alegría, pues me trajo recuerdos de mi infancia y me brindó una grata oportunidad para reflexionar sobre mi juventud. "Manong" es un término de cariño y respeto para los hombres mayores de la familia, comúnmente empleado en nuestro idioma aklanon para describir a un hombre de mayor edad. Pasar tiempo con Manong Sam fue un placer, y disfruté mucho recordando la infancia y a todos los vecinos. Me recordó mi firme voluntad de niño, así como el cariño que recibí de todos.

Al ser adoptado y haberme criado en una familia de clase media, tuve el privilegio de contar con una familia que pudiera cubrir mis necesidades. Mi madre adoptiva, quien también es prima hermana de mi padre biológico, conservó una conexión sanguínea que corre por mi sangre. Conozco a mis padres biológicos, y mi conexión con mi familia adoptiva es aún más profunda. Este vínculo único me ha dado una perspectiva diferente sobre la adopción, una que entrelaza tanto a la familia biológica como a la elegida de una manera que ha forjado mi identidad.

Al crecer, tuve la suerte de tener un hogar estable y amoroso donde se satisfacían mis necesidades y se me daban oportunidades para crecer. Sin embargo, conocer mis raíces biológicas añadió otra dimensión a mi historia, una llena de gratitud y curiosidad.

A menudo reflexionaba sobre cómo mi vida había sido moldeada por las decisiones y los sacrificios de quienes me amaron, tanto por nacimiento como por elección. En muchos sentidos, mi camino ha sido un testimonio de cómo la familia se define no solo por la sangre, sino por el amor, el cariño y las personas que deciden apoyarte.

Como hija mayor, tenía dos hermanos menores: una hermana y un hermano. Nuestro padre, quien servía activamente en la Fuerza Aérea, fue un hombre extraordinario. Desde mi infancia, siempre lo he apreciado. De pequeños, tuvimos muchos desacuerdos, pero reconozco que fue un buen padre para mí y mis hermanos menores. La pérdida prematura de nuestra madre a temprana edad fue una experiencia traumática, especialmente para mis dos hermanos menores, y quince años después, el fallecimiento de nuestro padre nos dejó huérfanos. Perder a ambos padres, a cualquier edad, plantea considerables dificultades emocionales. Los padres son esenciales para fomentar la unidad familiar y brindar consuelo, lo cual fortalece nuestros lazos familiares.

Tras la cirugía, mi prima, Josephine, me tomó una foto en la cama del hospital y la compartió con mis hermanos para mantenerlos informados sobre mi progreso. Desafortunadamente, la imagen les causó mucha ansiedad y les generó inquietud, al saber que no podrían estar presentes físicamente para brindarme apoyo, ya que todos residían en Filipinas. Durante mi conversación con mi hermana, me expresó su preocupación por mi situación y mencionó que ver mi foto le provocó tristeza, un dolor emocional que prefirió ocultar para mantener la compostura y evitar incomodarme.

Estoy agradecido de que mi madre biológica siga viva y con buena salud, y espero poder pasar tiempo de calidad con ella pronto. Cada vez que mi madre y yo hablamos por video, se muestra valiente, pero puedo ver que está asustada y preocupada por mi bienestar. Mi padre biológico falleció pacíficamente mientras dormía a los noventa años en 2018. A pesar de padecer asma crónica, estaba de buen ánimo y su memoria aún era nítida. Era un hombre de principios, que valoraba la integridad, el respeto y la bondad hacia los demás.

Como uno de ocho hermanos biológicos, ocupo el tercer lugar desde el mayor. Mi familia ha expresado mucha preocupación por mi salud y me ha animado encarecidamente a regresar a casa, donde podrían brindarme la atención adecuada. Fue profundamente angustioso para mí observar su dolor emocional, que se manifestó en lágrimas. Mi hermana mayor, Noemí, había estado intentando comunicarse activamente con nuestros familiares y amigos que viven en Estados Unidos para movilizar apoyo para mí, considerando la distancia física que nos separa.

Ser el único familiar que vive fuera del país puede ser una experiencia abrumadora. Momentos como estos suelen evocar sentimientos de soledad y aprensión por el futuro. A pesar de haber vivido fuera de casa durante más de treinta y tres años, he descubierto que esta experiencia ha sido increíblemente empoderadora, dándome la libertad de vivir la vida como mejor me parezca y cultivar un estilo de vida que realmente me conecta.

Con mi familia de Nueva York en Portland Head Light, Portland, Maine

Capítulo 19
Mi momento en el Mar Rojo

Cuando recuerdo el año pasado, solo puedo describirlo como mi momento de mar Rojo. En tan solo tres meses, me sometí a tres cirugías cerebrales importantes, una experiencia abrumadora, incierta y, por momentos, aterradora. Sin embargo, a pesar de todo, fui testigo de la fidelidad y los milagros de Dios de maneras que me siguen maravillando.

Mientras intentaba vivir la vida después de la cirugía, las preguntas llenaron mi mente:

- ¿Podré algún día volver a hacer las cosas que solía hacer?

- ¿Mi funcionamiento cerebral será el mismo?

- ¿Qué pasa si mis habilidades no funcionan como antes?

Me encontraba en un mar de incertidumbre, tratando de descubrir cómo podría comenzar una nueva vida después de una experiencia tan transformadora. Había tanto en qué pensar, y a veces, me sentía abrumado por lo desconocido. Pero incluso en esos momentos de duda, experimenté el consuelo de la presencia de Dios. El Salmo 23:4 (NVI) se hizo realidad durante esos meses de recuperación: *Aunque ande en valle de sombra de muerte, no temeré mal alguno, porque tú estás conmigo; tu vara y tu cayado me infunden aliento* .

Me aferré a esta verdad, sabiendo que Dios no solo estaba a mi lado, sino que también me guiaba, me protegía y me proveía. El resultado fue milagroso. Después de todo lo que mi cuerpo había soportado, salí adelante sin ninguna deficiencia . Cada vez que reflexiono sobre eso, recuerdo las palabras: « *El Señor peleará por ti; solo necesitas estar quieto»* (Éxodo 14:14 NVI).

Cuatro meses después de mi última cirugía, pude volver a trabajar, un logro que no estaba seguro de poder alcanzar. Me siento profundamente bendecido de estar aquí hoy, con mi salud y mis capacidades, y como testimonio del amor y la fidelidad de Dios. Así como Él abrió un camino para los israelitas en el Mar Rojo, también lo abrió para mí cuando parecía imposible. Mi historia es un testimonio de los milagros que Dios sigue obrando en nuestras vidas hoy.

Para cualquiera que esté enfrentando su propio momento en el Mar Rojo, oro para que encuentres esperanza en la misma verdad que me sostuvo a mí: el amor de Dios nunca falla, y Él está contigo, incluso en los valles más oscuros.

Tras seis meses de confinamiento, volver al trabajo fue como un soplo de aire fresco, un nuevo capítulo lleno de propósito y posibilidades. El camino hasta aquí no fue fácil. Hubo momentos de incertidumbre, desafíos y preguntas sobre cómo sería la vida después de la cirugía. Sin embargo, por la gracia de Dios, estoy aquí, más fuerte y con más determinación que nunca.

Esos meses de recuperación me enseñaron paciencia, resiliencia y confianza. No se trataba solo de sanación física; se trataba de permitir que Dios restaurara mi espíritu y me guiara en esta nueva etapa de la vida. Cada paso que doy ahora se siente como una victoria y un recordatorio de su fidelidad. Volver al trabajo ha sido una gran alegría. Es más que una simple rutina; es una señal de sus bendiciones y una celebración de todo lo que he superado.

Estoy muy emocionada de abrazar este nuevo comienzo, sabiendo que con la gracia de Dios, todo es posible. Cada vez que entro a la iglesia, recuerdo el increíble don de la comunidad. Mis amigos y seres queridos me saludan con cariño y me recuerdan constantemente que oraron por mí a diario durante mi recuperación. Saber que me apoyaron en sus oraciones cada día me llena de gratitud. Su fidelidad en la oración ha sido un testimonio poderoso del amor de Dios.

Es humilde y profundamente reconfortante saber que nunca estuve sola en este camino. Dios no solo estuvo conmigo, sino que me rodeó de una familia de creyentes que me apoyaron cuando más lo necesitaba. Estoy muy agradecida por mi familia de la iglesia, que nunca dejó de creer y orar por mi sanidad. Su amor y fe me recuerdan la fuerza y la unidad que provienen de ser parte del cuerpo de Cristo. De verdad, tengo la bendición de estar rodeada de personas tan maravillosas.

Conclusión
Abrazando las estaciones de la vida

Eclesiastés 3:1-8 (NVI):

Un tiempo para todo

Para todo hay un tiempo,

y un tiempo para todo lo que se hace bajo el cielo:

un tiempo para nacer y un tiempo para morir,

tiempo de plantar, y tiempo de arrancar,

tiempo de matar y tiempo de curar,

tiempo de derribar y tiempo de construir,

tiempo de llorar y tiempo de reír,

tiempo de llorar, y tiempo de bailar,

tiempo de esparcir piedras, y tiempo de juntarlas,

tiempo de abrazar y tiempo de abstenerse de abrazar,

tiempo de buscar y tiempo de rendirse,

tiempo de guardar y tiempo de tirar,

tiempo de romper y tiempo de remendar,

tiempo de callar y tiempo de hablar,

un tiempo para amar y un tiempo para odiar,

Un tiempo de guerra y un tiempo de paz.

El libro de Eclesiastés, capítulo 3, nos recuerda que la vida está llena de diferentes etapas con diferentes propósitos y tiempos. Experimentamos tanto comienzos como finales. Hay momentos en que necesitamos crear o fortalecer cosas, y momentos en que necesitamos eliminarlas. A veces, enfrentamos tristeza y pérdida, pero otras veces, reímos y celebramos. Pasamos por momentos de búsqueda y aprendizaje, pero también hay momentos en que debemos dejar ir cosas que ya no necesitamos. Hay momentos en que necesitamos expresarnos y momentos para reflexionar y escuchar. Todos experimentamos amor y momentos de conflicto.

Todo sucede a su debido tiempo. Las diferentes etapas de la vida son parte del plan mayor de Dios. Comprender que hay tiempo para todo nos ayuda a confiar en el plan divino de Dios. Saber que Él tiene el control, incluso en los momentos difíciles, nos está trabajando, moldeando y guiando hacia su propósito.

La vida está llena de pruebas, dolor, sufrimiento, desamor, dificultades económicas y la pérdida de seres queridos. He pasado por todo esto, y al mirar atrás, puedo ver cómo Dios obró en cada uno de esos momentos. Lo que antes parecían dificultades se convirtieron en las lecciones más importantes de mi vida, moldeando mi corazón y profundizando mi fe.

Hermanos míos, tened por sumo gozo el hallaros en diversas pruebas, sabiendo que la prueba de vuestra fe produce paciencia. Y que la perseverancia tenga su resultado perfecto, para que seáis perfectos y cabales, sin que os falte nada. Santiago 1:2-4 (NVI 1995)

Las pruebas no vienen a quebrarnos, sino a refinarnos. Revelan la fortaleza de nuestra fe, mostrándonos nuestra posición y nuestra verdadera necesidad de un Salvador. El Salmo 28:7 (RVR1960) lo expresa a la perfección: *El Señor es mi fuerza y mi escudo; en él confía mi corazón, y soy socorrido; por eso se regocija mi corazón, y con cántico le daré gracias.*

Dios ha sido mi fortaleza cuando era débil y mi escudo cuando era vulnerable. En Él, he encontrado ayuda, esperanza y paz. Incluso en los momentos más difíciles, mi corazón ha aprendido a confiar plenamente en Él. Y gracias a esa confianza, he encontrado alegría y gratitud, incluso durante las pruebas. Estas experiencias me han enseñado que la fe no se trata de evitar el dolor; se trata de mantenerse firme ante las circunstancias de la vida, sabiendo que Dios tiene el control. Sus planes siempre son buenos, incluso cuando no podemos ver el panorama completo. Cada prueba se ha convertido en un testimonio de su amor y fidelidad. A través de todo lo que he soportado, desde las luchas de la vida hasta la superación de importantes problemas de salud, siento un profundo deseo de brindar esperanza a quienes sufren.

Sé lo que es atravesar épocas de incertidumbre, dolor y miedo, pero también sé lo que significa salir de ellas más fuerte, más sabio y con una fe más arraigada. Mi esperanza es iluminar la oscuridad para quienes luchan contra sus propias pruebas.

Una de las lecciones más importantes que he aprendido es la importancia de defenderte a ti mismo. Nadie conoce tu historia, tus dificultades ni tus necesidades mejor que tú. Habla, haz preguntas y lucha por la atención y la comprensión que mereces. Sobre todo, no dejes que el miedo se apodere de tu vida. ¡El miedo es un mentiroso! Nos dice que estamos solos, que los desafíos son demasiado grandes o que no tenemos la fuerza para soportarlo.

La verdad es esta: Dios es más grande que nuestros problemas.

Él ve *cada* lágrima, escucha *cada* oración y nos acompaña *en cada* paso del camino. Cuando nos apoyamos en Él, encontramos el valor para afrontar incluso las batallas más difíciles. Descubrimos que su gracia es suficiente y que su fuerza se perfecciona en nuestra debilidad.

Sea cual sea la situación a la que te enfrentes, debes saber esto: no estás solo.

Hay esperanza, sanación y un propósito para tu camino. Confía en Dios y deja que Él te guíe. Las pruebas nunca son en vano en el plan de Dios. Nos enseñan el valor de su presencia, sus promesas y su amor inagotable. A través del sufrimiento, comprendemos la profundidad de sus bendiciones y la plenitud de su gracia.

Por lo general, es en los momentos más difíciles cuando vemos su mano con mayor claridad, acercándonos a Él y fortaleciendo nuestra fe. Pero las pruebas no solo nos ayudan a crecer; nos capacitan para ayudar a los demás. Cuando soportamos el sufrimiento, adquirimos la empatía y la sabiduría necesarias para apoyar a otros en sus momentos de necesidad. Podemos recordarles la fidelidad de Dios, no solo por lo que hemos leído, sino por lo que hemos vivido.

El cual nos consuela en todas nuestras tribulaciones, para que también nosotros podamos consolar a los que están en cualquier tribulación, por medio de la consolación con que nosotros somos consolados por Dios. Porque así como abundan los sufrimientos de Cristo, abunda también por medio de él nuestro consuelo. 2 Corintios 1:4-5 (NVI)

Dios nos consuela en todas nuestras dificultades, para que podamos consolar a quienes las atraviesan con el mismo consuelo que recibimos de Dios. El sufrimiento nos permite ser instrumentos de su fuerza y amor, compartiendo las cargas de los demás y guiándolos hacia Él. Las pruebas nos enseñan perseverancia no solo para nosotros mismos, sino para que podamos ayudar a otros a desarrollarla también. Nos recuerdan que el propósito de Dios siempre es más grande que el momento en que nos encontramos. Nuestras luchas de hoy pueden muy bien convertirse en el testimonio que alguien más necesite mañana. Así que, incluso en el sufrimiento, Dios obra para nuestro bien y el de quienes nos rodean. A través de las pruebas, nos moldea y nos prepara para ser una luz para los demás, revelando su gloria y amor a un mundo necesitado.

La vida a menudo se siente como una batalla, con dificultades y pruebas que intentan robarnos la paz, la alegría y la esperanza. Jesús mismo nos advirtió de esto en Juan 10:10 (NVI): *El ladrón solo viene para robar, matar y destruir; yo he venido para que tengan vida, y para que la tengan en abundancia.*

Este versículo me llega al corazón porque he vivido épocas en las que sentí que me lo arrebataban todo: mi salud, mi estabilidad e incluso mi esperanza. Pero a través de todo esto, he llegado a comprender la verdad de las palabras de Jesús: el enemigo puede intentar destruir, pero Jesús viene a restaurarnos y a darnos vida, vida en abundancia.

Esa vida abundante no se trata solo de bendiciones aquí en la tierra; se trata de la vida eterna con Él. La vida eterna comienza en el momento en que aceptamos a Jesús como nuestro Señor y Salvador personal. Cuando depositamos nuestra confianza en Él, comenzamos a experimentar su paz, gozo y fortaleza, que nos sostienen en nuestras luchas. Y es una promesa de gloria futura, donde el sufrimiento y el dolor desaparecerán y viviremos para siempre con Él.

Al reflexionar sobre mi propio camino para superar problemas de salud y enfrentar los desafíos de la vida, he visto cómo Jesús me ha dado abundancia de maneras que jamás imaginé. Llenó mi corazón de esperanza, profundizó mi fe y me recordó que esta vida es temporal. La esperanza suprema que tenemos en Él es que ya ha vencido a la muerte y, a través de Él, podemos tener vida eterna.

No importa lo que el enemigo intente robarte, Jesús ofrece más: más alegría, más paz, más fuerza y, lo más importante, más de sí mismo. Por medio de él, tenemos el regalo más preciado de todos: la vida eterna. Espero recordarte esta verdad: incluso en tu hora más oscura, Jesús te ofrece vida abundante y eterna. Confía en él y deja que te guíe hacia esa promesa.

Si deseas aceptar a Jesús como tu Salvador y Señor personal, por favor haz esta sencilla oración:

Señor Jesús, vengo ante ti hoy con el corazón abierto. Admito que soy pecador y necesito tu perdón. Creo que moriste en la cruz por mis pecados y que resucitaste, ofreciéndome el don de la vida eterna. Te pido que entres en mi corazón, me llenes de tu Espíritu Santo, seas mi Salvador y Señor de mi vida. Confío en ti y acepto tu don de salvación. Por favor, guíame y ayúdame a seguirte todos los días de mi vida. En el nombre de Jesús. Amén.

Si hiciste esta oración con sinceridad y desde lo más profundo de tu corazón, recuerda que ahora eres hijo de Dios. Tus pecados te han sido perdonados y has sido acogido en su familia.

Si confiesas con tu boca que Jesús es el Señor y crees en tu corazón que Dios lo levantó de entre los muertos, serás salvo . Romanos 10:9 (NVI)

Este es el comienzo de un increíble camino de fe, y Dios promete estar contigo en cada paso. Enfrentarás desafíos, pero recuerda que nunca estás solo. Jesús te acompañará en cada tormenta, brindándote paz, fortaleza y guía.

Te animo a buscar una relación con Dios mediante la oración, la lectura de su Palabra en la Biblia y la conexión con una comunidad de creyentes que puedan animarte y apoyarte. Confía en que Él tiene un propósito para tu vida y, a medida que crezcas en la fe, experimentarás su amor y gracia de maneras que jamás imaginaste.

¡Bienvenido a la familia de Dios! Tu camino de fe apenas comienza, y Él tiene cosas maravillosas preparadas para ti.

Ruego que, al caminar con fe, el Señor te bendiga abundantemente, concediéndote la fuerza y la gracia para superar cualquier desafío que la vida te presente. Que la paz de Dios, que sobrepasa todo entendimiento, guarde tu corazón y te guíe por el camino de Dios. Que su amor te rodee y su presencia te sostenga en todo. En el nombre de Jesús. Amén.

Abrazando mis canas para honrar mi vida con gracia, orgullo y gratitud por todos los años que me han traído hasta aquí.

Lectura adicional

Una colección de citas compilada por Dan Tanner (Blackshear, GA: inédito, 1999).

Tripp Bowden, *Freddie & Me: Lecciones de vida de Freddie Bennett, el legendario caddie master de Augusta National* (Nueva York, NY: Skyhorse Publishing, 2009).

Dr. Mike Brown, *Cómo evitar la trampa* (Mobile, AL: Diamond Publishing, 2007).

John Dickson, *Humilitas: Una clave perdida para la vida, el amor y el liderazgo* (Grand Rapids, MI: Zondervan, 2011).

Bob Farr y Kay Kotan, *Renovarse o morir: 10 maneras de enfocar su iglesia en la misión* (Nashville, TN: Abingdon Press, 2011).

Chris Hodges, *Aire fresco: Cambiar la obligación espiritual rancia por una relación con Dios que cambia la vida, energizante y que se experimenta todos los días* (Tulsa, OK: Tyndale Momentum, 2012).

Controlando la lengua, RT Kendall, Charisma House, Lake Mary, Florida, 2007

Diane Muldrow, *Todo lo que necesito saber lo aprendí de un pequeño libro dorado* (Nueva York: NY: Random House, 2013).

José Luis Navajo, *Lunes con mi antiguo pastor: A veces todo lo que necesitamos es un recordatorio de alguien que ha caminado antes que nosotros* (Nashville, TN: Thomas Nelson, Inc., 2012).

Michael Ricker, *Un corazón en llamas: inspiración para el viaje* (Bradenton, FL: Johnson Printing Company, 2004).

Richard Rohr, *El Cristo universal: cómo una realidad olvidada puede cambiar todo lo que vemos, esperamos y creemos* (Nueva York, NY: Convergent Books, 2019).

Robert A. Schuller, *Cómo superar lo que estás pasando* (Nashville, TN: Thomas Nelson, Inc., 1986).

Robert H. Schuller, *Convertir las heridas en halos y las cicatrices en estrellas* (Nashville, TN: Thomas Nelson, Inc., 1999).

Dr. Charles Stanley, *Caminando con Dios* (Nashville, TN: Thomas Nelson, Inc., 2012).

Lee Strobel, *El caso de los milagros: un periodista investiga evidencia de lo sobrenatural* (Grand Rapids: MI: Zondervan, 2018).

Andrew Wommack, *Cómo encontrar, seguir y cumplir la voluntad de Dios: La voluntad de Dios para su vida* (Tulsa, OK: Harrison House Publishers, 2013).

Notas finales

1. "Enfermedades cardiovasculares", Organización Mundial de la Salud, https://www.who.int/health-topics/cardiovascular-diseases#tab=tab_1 .

2. "Cirugía de reemplazo de codo", Mayo Clinic, 22 de mayo de 2024, https://www.mayoclinic.org/tests-procedures/elbow-replacement-surgery/about/pac-20385126 .

3. Poebe Danza, MPH, Tae Hee Koo, MPH, Meredith Haddix, MPH, et al., "Infección y hospitalización por SARS-CoV-2 entre adultos mayores de 18 años, por estado de vacunación, antes y durante el predominio de la variante SARS-CoV-2 B.1.1.529 (ómicron) – Condado de Los Ángeles, California, 7 de noviembre de 2021-8 de enero de 2022", Centros para el Control y la Prevención de Enfermedades, 1 de febrero de 2022, actualizado el 4 de febrero de 2022, https://www.cdc.gov/mmwr/volumes/71/wr/mm7105e1.htm .

4. "Parálisis de Bell, un evento adverso posterior a las vacunas contra la COVID", Biblioteca Nacional de Medicina, https://pmc.ncbi.nlm.nih.gov/articles/PMC11247443/ .

5. "Parálisis de Bell", Mayo Clinic, 15 de marzo de 2024 https://www.mayoclinic.org/diseases-conditions/bells-palsy/symptoms-causes/syc-20370028 .

6. "Craniectomía", Cleveland Clinic, última revisión el 13 de abril de 2023, https://my.clevelandclinic.org/health/treatments/24901-craniectomy .

7. "Glaucoma", Mayo Clinic, 5 de noviembre de 2024, https://www.mayoclinic.org/diseases-conditions/glaucoma/diagnosis-treatment/drc-20372846 .

8. "Hemorragia intracerebral", Asociación Estadounidense de Cirujanos Neurológicos, 8 de abril de 2024,

https://www.aans.org/patients/conditions-treatments/intracerebral-hemorrhage/ .

www.ingramcontent.com/pod-product-compliance
Lightning Source LLC
LaVergne TN
LVHW022011080426
835513LV00009B/676